白天黑夜都在玩的智力测试游戏

陈晓宏/编著

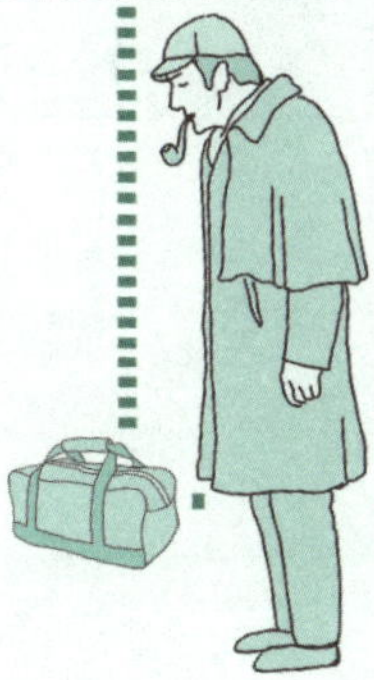

江苏凤凰科学技术出版社 凤凰含章

图书在版编目（CIP）数据

白天黑夜都在玩的智力测试游戏 / 陈晓宏编著 . --
南京 : 江苏凤凰科学技术出版社 , 2016.12
ISBN 978-7-5537-7332-2

Ⅰ . ①白… Ⅱ . ①陈… Ⅲ . ①智力游戏 Ⅳ .
① G898.2

中国版本图书馆 CIP 数据核字 (2016) 第 255839 号

白天黑夜都在玩的智力测试游戏

编　　著　陈晓宏
责任编辑　葛　昀
责任监制　曹叶平　方　晨

出版发行　凤凰出版传媒股份有限公司
　　　　　江苏凤凰科学技术出版社
出版社地址　南京市湖南路1号A楼，邮编：210009
出版社网址　http://www.pspress.cn
经　　销　凤凰出版传媒股份有限公司
印　　刷　北京文昌阁彩色印刷有限责任公司

开　　本　718mm × 1 000mm　1/16
印　　张　14
字　　数　170 000
版　　次　2016年12月第1版
印　　次　2016年12月第1次印刷

标准书号　ISBN 978-7-5537-7332-2
定　　价　29.80元

前言

智力的高低在一定程度上决定着一个人的未来发展，青少年的智力开发是社会、学校、家长都非常重视的问题。在科学技术迅猛发展、竞争日趋激烈的当代，智力开发对于培养创新型人才的重要性是毋庸置疑的。

如今，学校教育和家庭教育在青少年智力开发方面已经做了不少工作，但还远远不够——学校群体性的教育方式决定了它无法有针对性地对待每个青少年智力的差异性，家庭教育的个体性又容易导致青少年智力开发的局限性，学校教育和家庭教育之间又会出现这样或那样的衔接不密切。这些都是目前青少年智力开发的问题所在。

其实，无论学校也好，家庭或社会力量也好，都只是智力开发的“施力者”，而决定青少年智力开发成果的，从来都是“受力者”本身——青少年个体。每个人都拥有丰富的智力潜能，只有主动去挖掘、去探寻，智力潜能才会像长在岩石缝隙中的幼苗，猛然突破岩石的羁绊，得到质的飞跃。

《吕氏春秋·诬徒》有云：“人之情，恶异于己者，此师徒相与怨尤也。”重自我、求独立是青少年这个群体很显著的心理特点，不合适的教育方式很容易激起他们的逆反心理。针对这个群体的和谐教育，应该是“使弟子安焉、乐焉、休焉、游焉、肃焉、严焉”。

唯有青少年积极地、主动地参与其中，智力开发才能取得事半功倍的效果，那些凌驾于他们意志之上的智力开发活动，只是“施力者”一厢情愿的教育方式。鉴于此，我们编著了这本集挑战性和娱乐性为一体的智力测试游戏集，旨在激发青少年参与的热情，提高青少年参与的积极性。

《白天黑夜都在玩的智力测试游戏》是“白天黑夜都在玩的游戏”系列丛书中的一本，集合了本套丛书游戏性、科学性的特点，又增加了智力测试游戏独有的趣味性、百变性特点，使智力开发教育真正达到“寓教于乐”的目的，让青少年更愿意接受，乐在其中。

目录

Part 1 超权威观察能力测试

① 变出 3 个正方形 …… 8
② 14 个正三角形 …… 8
③ L 形格子 …… 9
④ 小旗子的变化规则 …… 10
⑤ 补方块 …… 11
⑥ 复活节十字形 …… 12
⑦ 复杂的国际象棋 …… 13
⑧ 滚圆环 …… 14
⑨ 3 变多 …… 15
⑩ 消失的 4 个数 …… 16
⑪ 图案对应 …… 17
⑫ 不同的图案 …… 18
⑬ 补项目 …… 19
⑭ 母鸡下蛋 …… 20
⑮ 工字图 …… 21
⑯ 绳子 …… 21
⑰ 说变就变 …… 22
⑱ 巧摆瓶子 …… 23
⑲ 走迷宫 …… 24
⑳ 一线牵 …… 25
㉑ 拼独特图案 …… 26
㉒ 转换方向 …… 27
㉓ 魔幻正方 …… 28
㉔ 恢复图形 …… 29
㉕ 移动金字塔 …… 30
㉖ 天使迷宫 …… 31
㉗ 连圆点 …… 32
㉘ 分园地 …… 33
㉙ 游遍全国 …… 34
㉚ 巧手拼桌面 …… 35
㉛ 难辨的圆环 …… 36
㉜ 滚动的扇形 …… 37
㉝ 图形对应的规律 …… 38
㉞ 找出路 …… 39
㉟ 花瓣变圆月 …… 40
㊱ 栽树 …… 41
㊲ 只准剪一刀 …… 42
㊳ 找不同 …… 43
㊴ 填充草莓 …… 44
㊵ 车辆的摆放 …… 45
㊶ 替代图 …… 46
㊷ 你该怎么做 …… 47
㊸ 该放哪一种水果 …… 48
㊹ 依序找图 …… 49
㊺ 折叠后的样子 …… 50
㊻ 下棋 …… 51
㊼ 几个水龙头 …… 52
㊽ 棋盘 …… 53
㊾ 找相同的布局设计图 …… 54
㊿ 时髦妈妈的裙子 …… 55
51 小蚂蚁搬家 …… 56

Part 2 超权威计算能力测试

① 水多还是白酒多 …… 58
② 几位棋手 …… 58
③ 爱抽烟的人 …… 59
④ 共有多少人 …… 59
⑤ 星期几 …… 60
⑥ 围土地 …… 60
⑦ 几个座位 …… 61
⑧ 被淋到多少雨 …… 62
⑨ 测量红酒 …… 62
⑩ 三人买鱼 …… 63
⑪ 巧分牛奶 …… 63
⑫ 招生计划 …… 64
⑬ 细菌分裂 …… 64
⑭ 乘积是多少 …… 65
⑮ 吹肥皂泡 …… 65
⑯ 计票错误 …… 66
⑰ 天平问题 …… 67
⑱ 练习问题 …… 67
⑲ 台阶有多少 …… 68
⑳ 汽车速度 …… 68
㉑ 送礼物 …… 69
㉒ 救济款问题 …… 69
㉓ 消失的钱 …… 70
㉔ 算珠谜题 …… 71
㉕ 半个柠檬 …… 71
㉖ 面积问题 …… 72
㉗ 选举问题 …… 72
㉘ 钓鱼 …… 73
㉙ 符合条件的自然数 …… 73
㉚ 兔子的重量 …… 74
㉛ 穿越大森林 …… 74
㉜ 剧院座位 …… 75
㉝ 老师与学生 …… 75
㉞ 寻找完全数 …… 76
㉟ 汉诺塔谜题 …… 76
㊱ 装水 …… 77
㊲ 魔术师的新招 …… 77
㊳ 慢了的老挂钟 …… 78
㊴ 填数字 …… 78
㊵ 交换问题 …… 79
㊶ 模拟考试 …… 79
㊷ 三个碗的骗局 …… 80
㊸ 换汽水 …… 80
㊹ 9 枚硬币 …… 81
㊺ 看哪个妹妹 …… 81
㊻ 妈妈的话 …… 82
㊼ 蚂蚁调兵 …… 82
㊽ 放方糖 …… 83
㊾ 爱的算式 …… 83
㊿ 哪个数字与众不同 …… 84
51 什么时候戒烟成功 …… 84
52 藏在盒子里的玉壶 …… 85
53 半价 …… 86
54 多少个孩子 …… 86
55 买铅笔 …… 87
56 会议室里的人 …… 87
57 门牌号码 …… 88
58 怎样分汽车 …… 88
59 过桥 …… 89
60 移糖果 …… 89
61 跳绳比赛 …… 90
62 赌场老板赚钱揭秘 …… 90
63 鸽子的雌雄概率 …… 91
64 很怪的巧合 …… 91

65 秋游 …… 92
66 不工作的理由 …… 92
67 薪金高低 …… 93
68 多余的士兵 …… 93
69 找规律 …… 94
70 有几只猫 …… 94
71 数字金字塔游戏 …… 95
72 缝隙有多大 …… 96
73 有多少对白鼠 …… 96

Part 3 超权威思维能力测试

1 钱包悖论 …… 98
2 分蔬菜 …… 98
3 旅客顺序 …… 99
4 令人发疯的盒子 …… 99
5 盒子里的宝贝 …… 100
6 谁爱我 …… 100
7 曹植智解 …… 101
8 喜欢与不喜欢 …… 102
9 自食其果的仙人 …… 102
10 新课本 …… 103
11 好人和坏人 …… 103
12 巧识门牌号 …… 104
13 理发师悖论 …… 105
14 新领导 …… 105
15 糊涂岛上的孩子 …… 106
16 金币在哪里 …… 106
17 主人和猫 …… 107
18 宇宙飞船里的稀客 …… 107
19 赴宴会 …… 108
20 谁在前面，谁在后面 …… 109
21 谁在撒谎 …… 109
22 如何分类 …… 110
23 狂欢晚会 …… 110
24 四个兄弟一半说真话 …… 111
25 谁是体操全能冠军 …… 111
26 运动员推理 …… 112
27 谁是足球运动员 …… 113
28 围巾的颜色 …… 113
29 黄白蓝 …… 114
30 雇佣谁 …… 114
31 四个小画家 …… 115
32 休闲城镇 …… 116
33 机器人辨证 …… 116
34 哲学的应用 …… 117
35 谁是老实人 …… 117
36 野炊分工 …… 118
37 逻辑猜糖 …… 119
38 小花猫搬鱼 …… 119
39 财主和仆人 …… 120
40 说不通的提示 …… 121
41 一句话定生死 …… 121
42 模仿秀 …… 122
43 谁最后进门 …… 122
44 卡洛尔的难题 …… 123
45 期末考试的成绩 …… 124
46 就职演说会 …… 124
47 哪种方案最佳 …… 125
48 教授的课程 …… 125
49 乌龟赛跑 …… 126
50 计算机为什么崩溃 …… 126

51 瓶子里装的是什么 …… 127
52 成绩表 …… 128
53 外国游客 …… 129
54 四只鸭子的性别 …… 130
55 吃西瓜比赛 …… 130
56 喜欢看什么小说 …… 131
57 美丽公主的不幸遭遇 …… 132
58 被小孩儿打败的预言家 …… 132
59 纽科姆悖论 …… 133
60 找出三个错误 …… 134
61 出人意料的考试 …… 134
62 亦真亦假 …… 135
63 联盟撒谎 …… 135
64 猜名字 …… 136

Part 4 超权威推理能力测试

1 罪魁祸首 …… 138
2 守财奴的遗嘱 …… 139
3 聪明误 …… 140
4 白忙一场 …… 141
5 油画抓凶 …… 142
6 妙断抢劫案 …… 143
7 揭穿冒牌货 …… 144
8 现场的“细节” …… 145
9 凋零的花瓣 …… 146
10 泄密的玻璃杯 …… 147
11 闹钟炸弹 …… 148
12 敲门的窃贼 …… 149
13 失败的掩盖 …… 150
14 虚假的报案 …… 151
15 说谎的“教父” …… 152
16 一封假遗书 …… 153
17 聪明的警探 …… 154
18 缉拿毒贩 …… 155
19 红枣破案 …… 156
20 果园的价值 …… 157
21 千万富翁的遗书 …… 158
22 愚蠢的敲诈 …… 159
23 不打自招 …… 160
24 戴墨镜的杀手 …… 161
25 盗珠宝的阴谋 …… 162
26 不翼而飞的巨款 …… 163
27 铁路旁边的尸体 …… 164
28 赤日五号 …… 165
29 印花上的毒药 …… 166
30 电风扇上的钓鱼线 …… 167
31 所罗门王冠 …… 168
32 蚂蚁作证 …… 169
33 拙劣的谋杀 …… 170
34 聪明的特工 …… 171
35 偷古钱的凶手 …… 172
36 铃声藏凶 …… 173
37 呼救信号 …… 174
38 同伙的谋杀 …… 175
39 血疑 …… 176
40 妙拆高空炸弹 …… 177
41 蛇毒命案 …… 178

Part 5 超权威综合能力测试

① 该填哪一个字母 …… 180
② 天平倾向哪边 …… 180
③ 求婚计划 …… 181
④ 找出异常的小球 …… 182
⑤ 隐藏在儿歌里的谜题 …… 183
⑥ 旅客的办法 …… 184
⑦ 剪多少刀 …… 184
⑧ 称重量 …… 185
⑨ 两个圆环 …… 185
⑩ 体育活动 …… 186
⑪ 烤饼 …… 186
⑫ 债务关系 …… 187
⑬ 属于哪一个家庭 …… 187
⑭ 猜数问题 …… 188
⑮ 拉马顺序 …… 189
⑯ 猪圈问题 …… 189
⑰ 摆杯子游戏 …… 190
⑱ 聪明的报童 …… 190
⑲ 围果园 …… 191
⑳ 黑夜过桥 …… 191
㉑ 怎样分才公平 …… 192
㉒ 拼方块 …… 193
㉓ 最低资费 …… 194
㉔ 三“v”数列 …… 195
㉕ 口味不同 …… 195
㉖ 怪老头的玩意 …… 196
㉗ 交点个数 …… 196
㉘ 几条路线 …… 197
㉙ 高速行驶更安全吗 …… 198
㉚ 选票 …… 198
㉛ 从中取利 …… 199
㉜ 愚蠢的厂长 …… 199
㉝ 倒硫酸 …… 200
㉞ 有多少水 …… 200
㉟ 哪一种推断更准确 …… 201
36 该填什么牌 …… 202
37 巧切西瓜 …… 203
38 小猴的游戏 …… 203
39 建房子 …… 204
40 鸵鸟蛋 …… 205
41 六边形的桌子 …… 206
42 称糖 …… 206
43 黄色的花和白色的花 …… 207
44 谁是凶手 …… 207
45 跳跃比赛 …… 208
46 如何称体重 …… 208
47 奇妙的六边形 …… 209
48 木船过桥洞 …… 210
49 汽车过桥洞 …… 210
50 老猴子的点子 …… 211
51 巧选数字 …… 211
52 旋转的数字 …… 212
53 下围棋 …… 213
54 扩大水池的方法 …… 213
55 数独游戏 …… 214
56 找差别 …… 215
57 奇妙幻星 …… 215
58 分机器人 …… 216
59 马拉多纳的故事 …… 217
60 三只桶的毒品交易 …… 218
61 数字游戏 …… 219
62 超难的数字迷宫 …… 220
63 求和 …… 221

Part 1
超权威观察能力测试

变出 3 个正方形

Q1 图中是用 24 根火柴棒排成的一大一小两个正方形，只能移动其中的 4 根火柴，使其变成 3 个正方形。你知道怎么做吗？

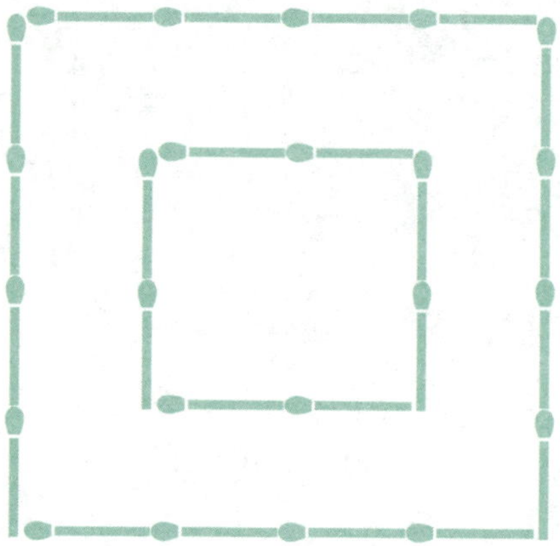

14 个正三角形

Q2 如图，有 4 个正三角形，你能否再添加一个正三角形，使之变成 14 个正三角形呢？

L 形格子

Q3 这是一道很有难度的题目：将下图中的格子分割成同样大小的 L 形，并且每个 L 形必须含有两个圈圈，当然还不能有剩余的格子存在。不要急着看答案，一定要自己先思考哦！

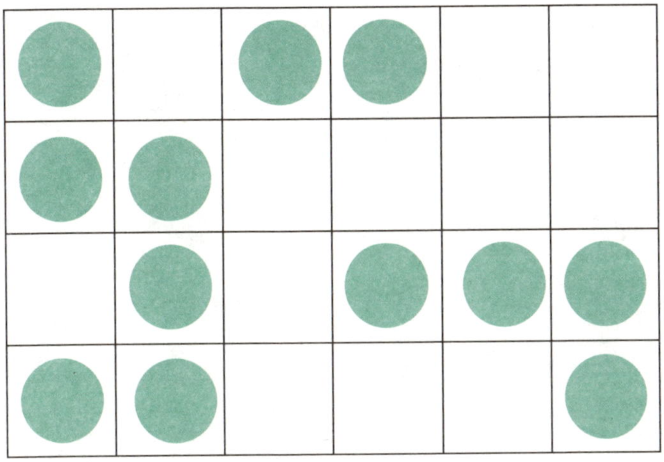

[A1]

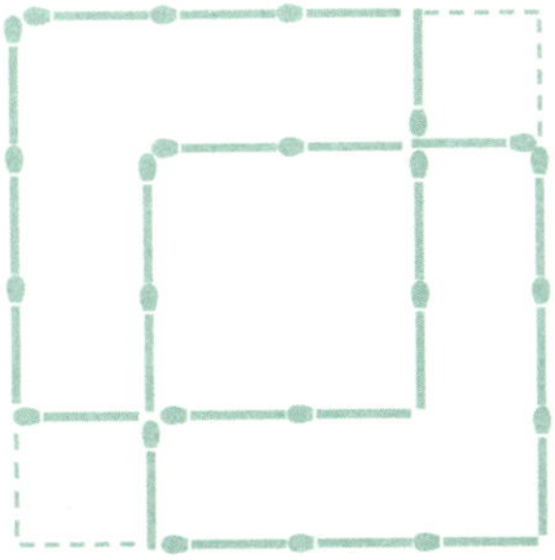

[A2]

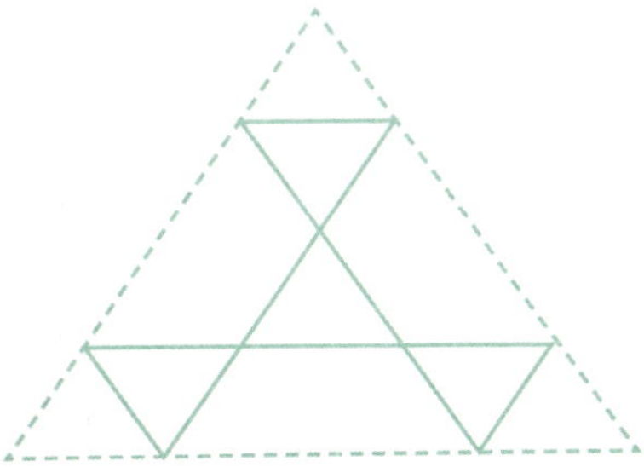

小旗子的变化规则

Q4 问号处应该是什么图形？请按照图形变化的规律，选出正确的答案。

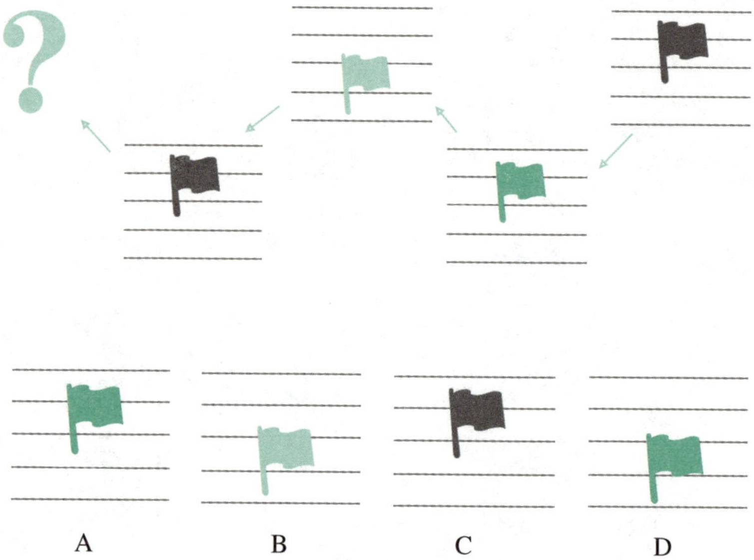

[A3]

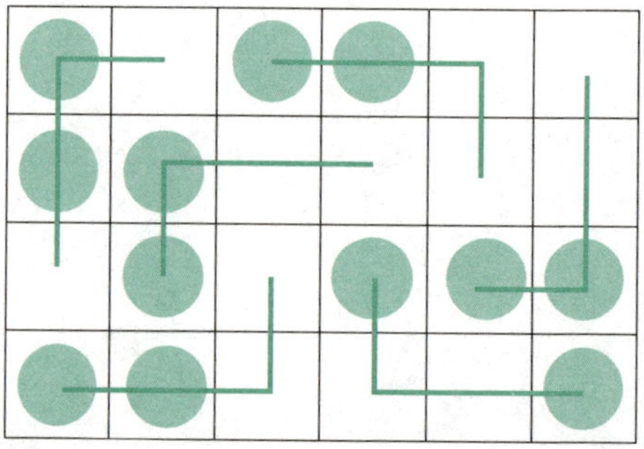

补方块

Q5 给出的图像缺了一角，缺少的是哪一项呢？选出正确的答案。

A　B　C　D　E　F

[A4] A

小旗子是按照灰色、深蓝色、浅蓝色的颜色顺序及上上下的位置顺序排列的。

复活节十字形

Q6 巨大的复活节彩蛋上有一个希腊十字形，这个十字形可以引发很多切割问题。

①将十字形图形分成三块，用它们拼成一个长是宽的两倍的长方形。

②将十字形图形分成四块，用它们拼成一个正方形。

③将十字形图形分成三块，用它们拼成一个平行四边形。

[A5] B

横排前两个方块中的星形数相乘等于第三个方块中的星形数，竖排则相除。

复杂的国际象棋

Q7 将 16 个国际象棋的士兵放进棋盘的方格里，要求每一行、每一列或任何一条斜线上的棋子加起来都不超过两个，并且一个格子只能放一个棋子。

[A6]

①

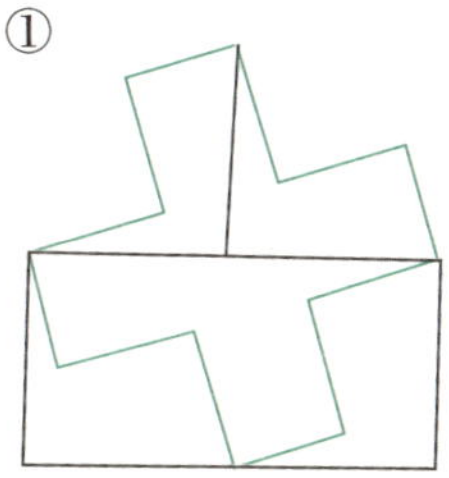

②

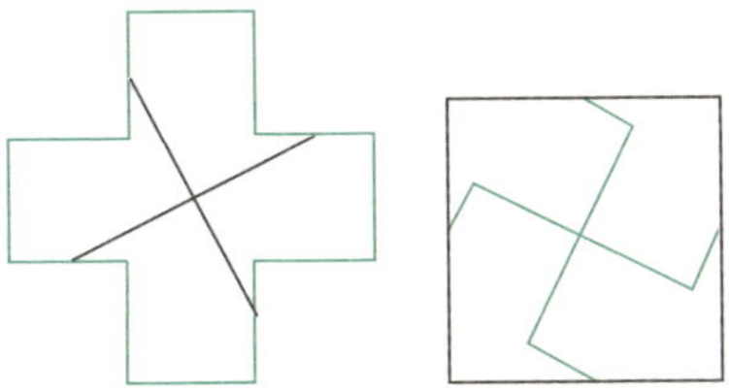

③

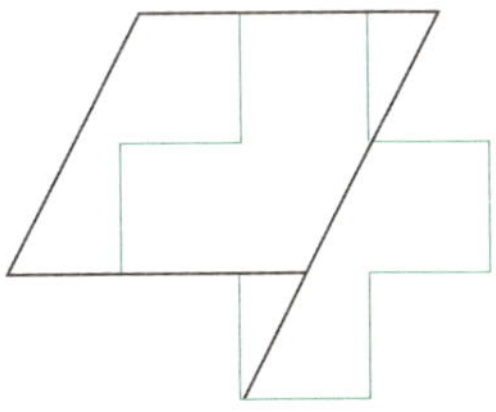

滚圆环

Q8 下图中有 8 个角，2、3 角各放着一个白色的圆环，6、8 角各放着一个蓝色的圆环。请按图中虚线所示的直线每次滚动一个圆环，使蓝、白两种圆环的位置全部调换，但不准在同一个角上使两个圆环相遇，该用怎样的滚法？

[A7]

3 变多

Q9 下图是用 9 根火柴摆成的 3 个三角形。你能分别把它变成由 5 个、6 个、7 个、8 个三角形构成的 4 种不同图形吗？注意，每种图形都只能移动 3 根火柴。

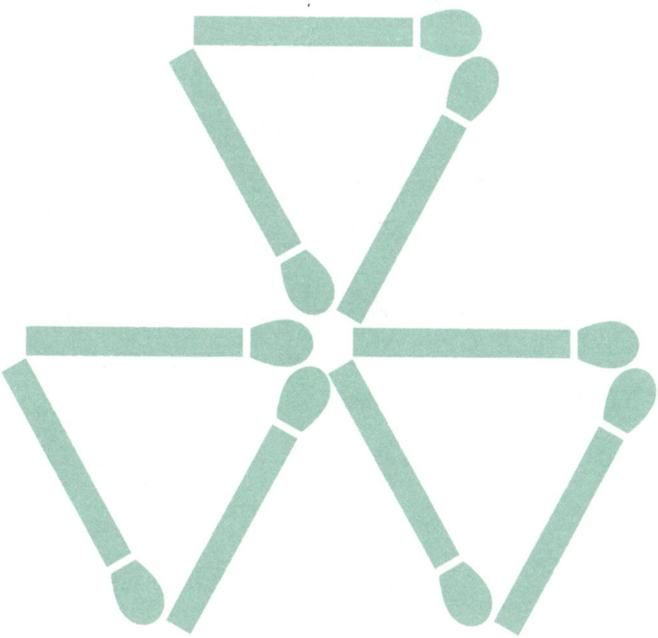

[A8] 2→5，3→7，7→2，8→4，4→3，3→7，6→1，1→8，8→4，4→3，5→6，6→1，1→8，2→5，5→6，7→2

消失的 4 个数

Q10 下面图表中丢失了 4 个数字，你能找到它们吗？

3	6	4	7	9	3	6
9	7	4	6	3	9	7
6	4	7	?	3	6	4
3	9	7	?	6	3	9
4	7	9	?	6	4	7
6	3	9	?	4	6	3
7	9	3	6	4	7	9

[A9] 5 个三角形

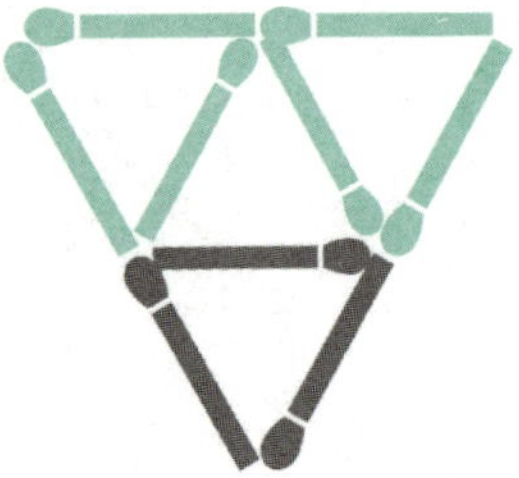

6 个三角形

7 个三角形

8 个三角形

图案对应

Q11 下面的图形是按照什么规律排列的？你能补上缺失的部分吗？选出正确的答案。

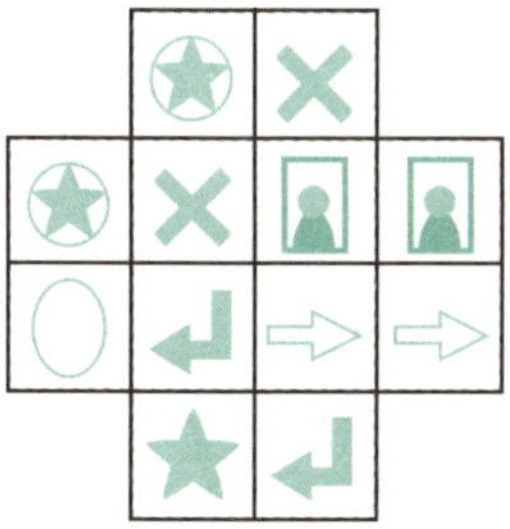

A

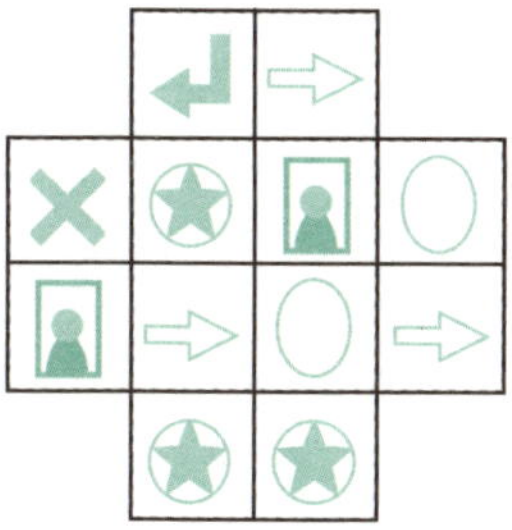

B

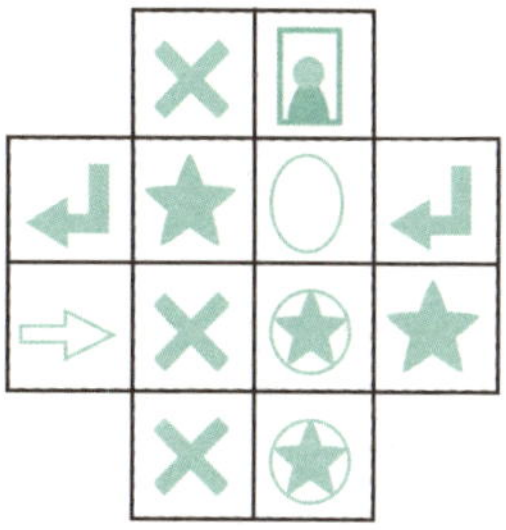

C

[A10] 9、4、3、7

从左下角数字开始，沿底行进，到达尽头后，转入上一行，依此类推，重复“79364”这个顺序。

不同的图案

Q12 有一个图案与众不同，你能找出来吗？

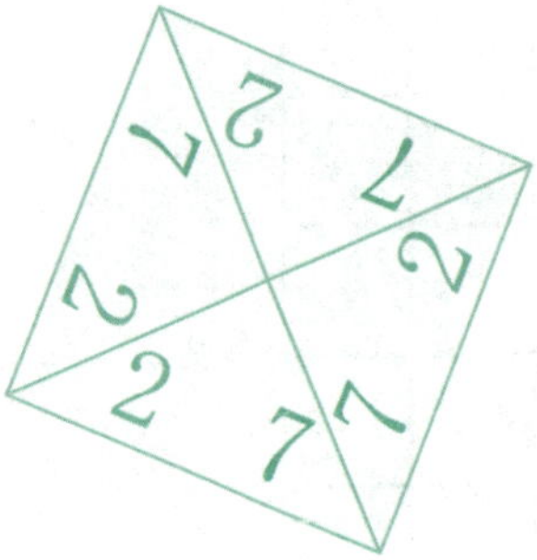

A

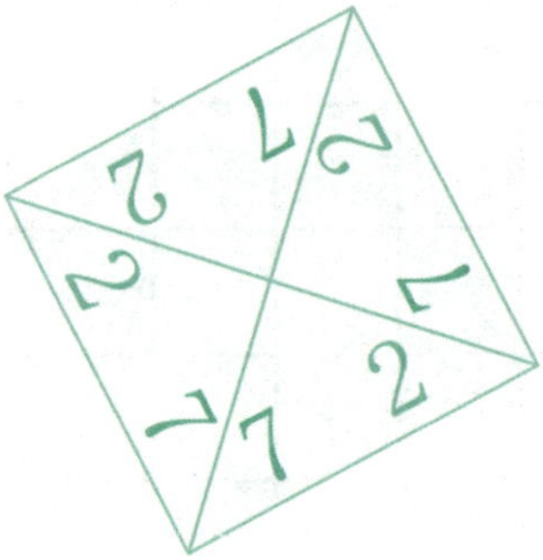

B

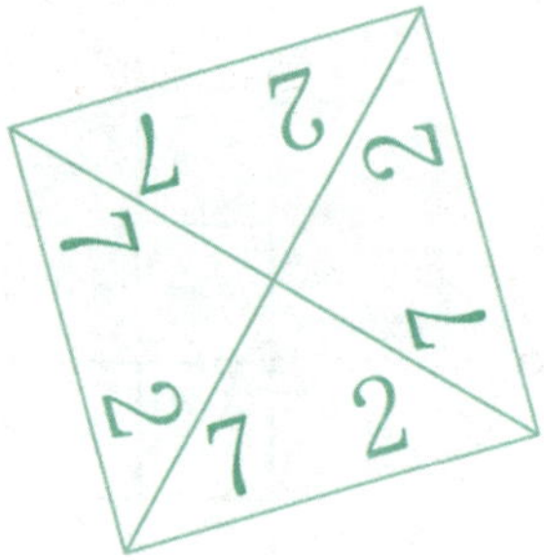

C

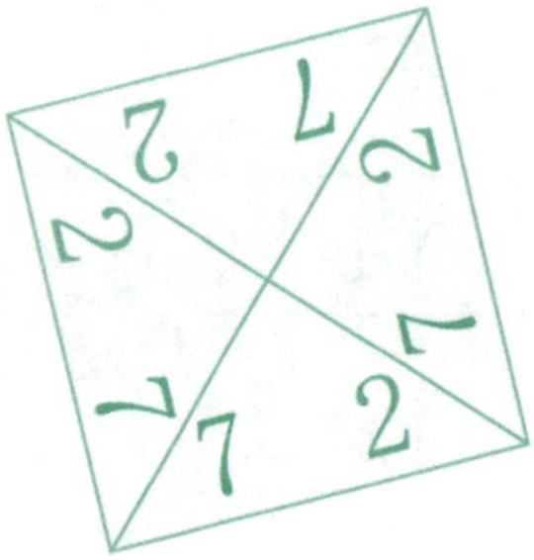

D

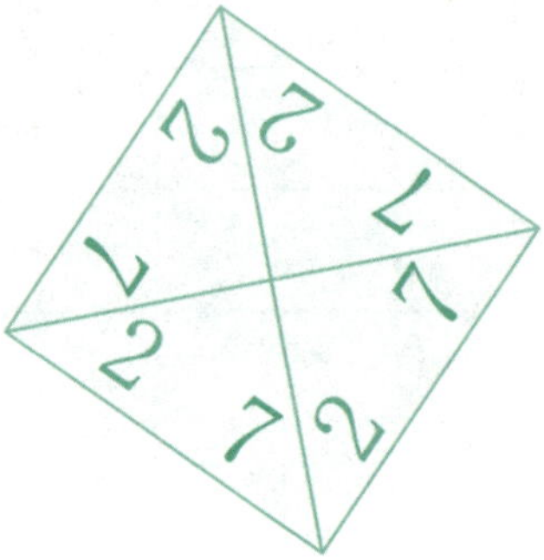

E

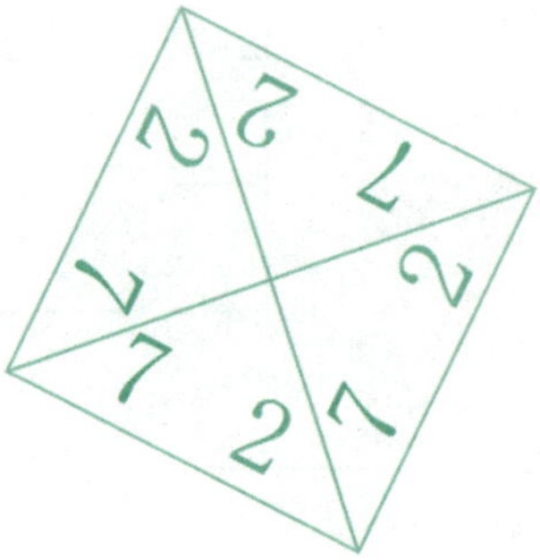

F

[A11] C

七个不同的符号从左上角开始，按照相同的排列顺序沿顺时针方向、以螺旋形向中心重复。

补项目

Q13 问号处应该是哪个图形？找出能完成这幅图像的选项。

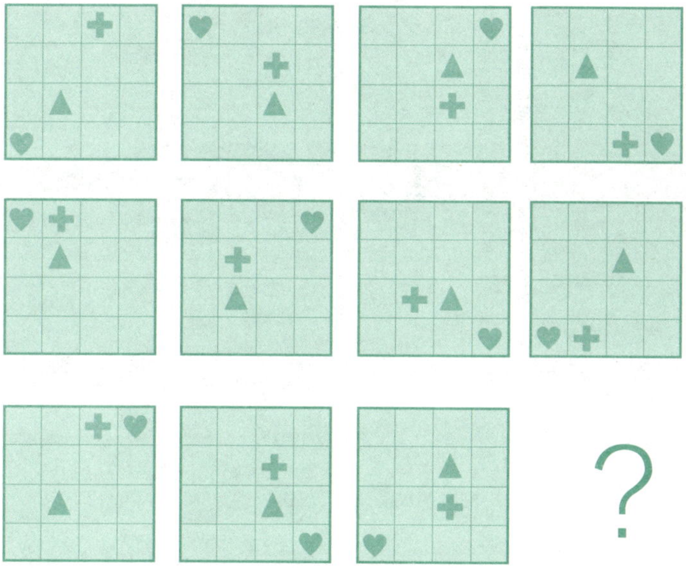

A　　B　　C　　D

[A12] E

其他的图像都可以通过旋转得到。

母鸡下蛋

Q14 一只母鸡想使每行、每列、每条斜线中的鸡蛋不超过两个，它最多能在格子里下多少个蛋？你能在表格中标注出来吗？注意，图中有两个鸡蛋了，因而不能再在这条对角线上下蛋了。

[A13] A

每一行从左到右，心形围绕正方形的角顺时针移动，十字向下移动一格，三角形围绕中间的四个方格逆时针移动。

工字图

Q15 面积相等的小方块组成了“工”字图，怎样才能把它切分成 4 个面积和形态都相同的部分？

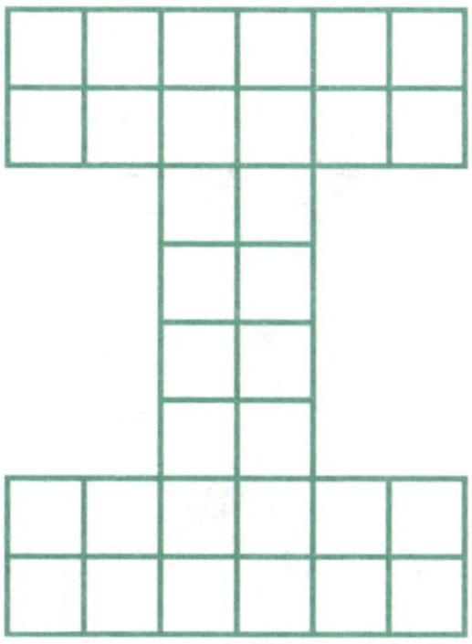

绳子

Q16 仔细观察图中的绳子，判断一下，哪一个能打成结。

A　　B　　C

[A14] 最多 12 个。如图：

说变就变

Q17 有一张卡片如图①，只要在它上面剪一刀，就能拼出另一张如图②的卡片来。你知道是怎么做的吗？

①

②

[A15]

[A16] 只有 B 可以打成结

巧摆瓶子

Q18 有四个瓶子，你能设计出一种摆法，使每两个瓶子的瓶盖之间距离相等吗？

[A17]

只要将图①沿虚线剪出一个等腰三角形，将等腰三角形翻转过来拼上去，就变成了另一张如图②的卡片了。

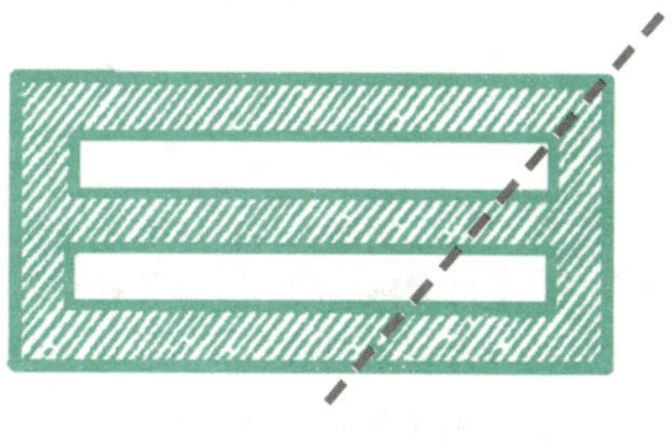

①

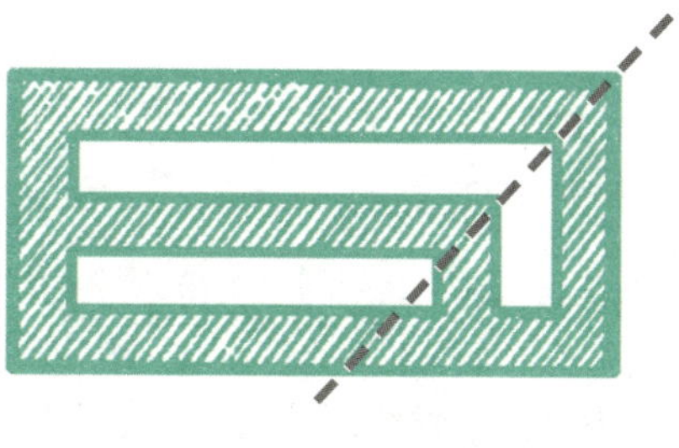

②

走迷宫

Q19 我们来看一下这座迷宫。目标是从下方的入口出发，到达标有大蓝点的区域。注意：走迷宫时，你要一直抬头往前看，看脚下的这条路是否通向“死胡同”；如果是，就放弃这条路，并在岔道口上选择另一条路。

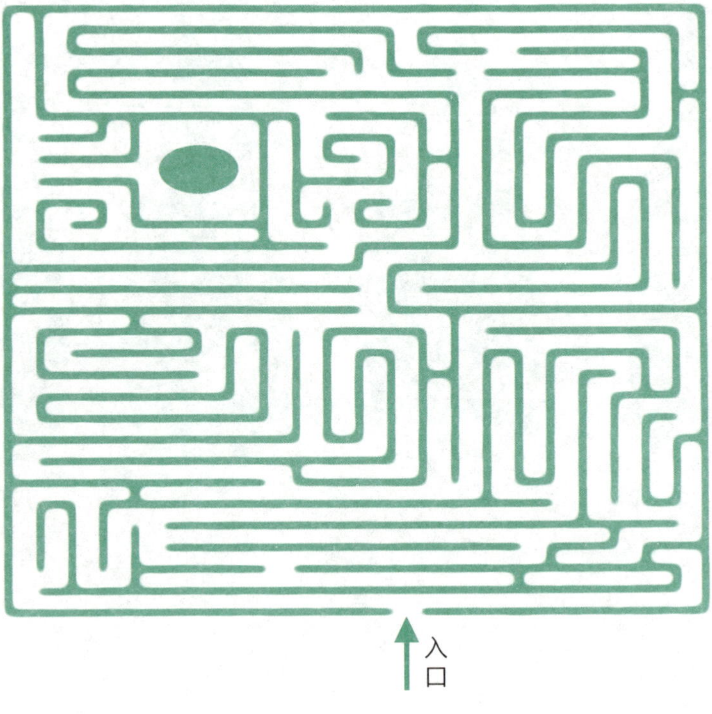

入口

[A18]

四个瓶盖且每两个之间的距离相等，这在同一个平面内是不可能做到的。可以先在桌面上放三个瓶子，使三个瓶盖呈等边三角形，然后将第四个酒瓶放在等边三角形的上方，使在手中的瓶盖和桌面上任意两个瓶盖都能形成等边三角形，这样四个瓶盖连起来就是一个正四面体，每两个瓶盖之间的距离就相等了。

一线牵

Q20 用一条线穿过立方体的六个面，将这个立方体摊开的话，应该是下面选项中的哪一个呢？

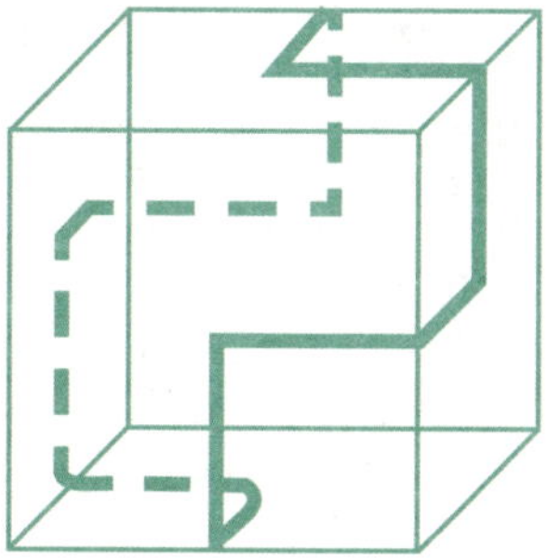

A　　B　　C　　D

[A19]

拼独特图案

Q21 四格拼板是用 4 个小正方形组成不同的形状，共可以组成 6 种图案（如图）。五格拼板则是用 5 个小正方形拼起来的图案。请问：五格拼板可以拼多少种独特的图案呢？

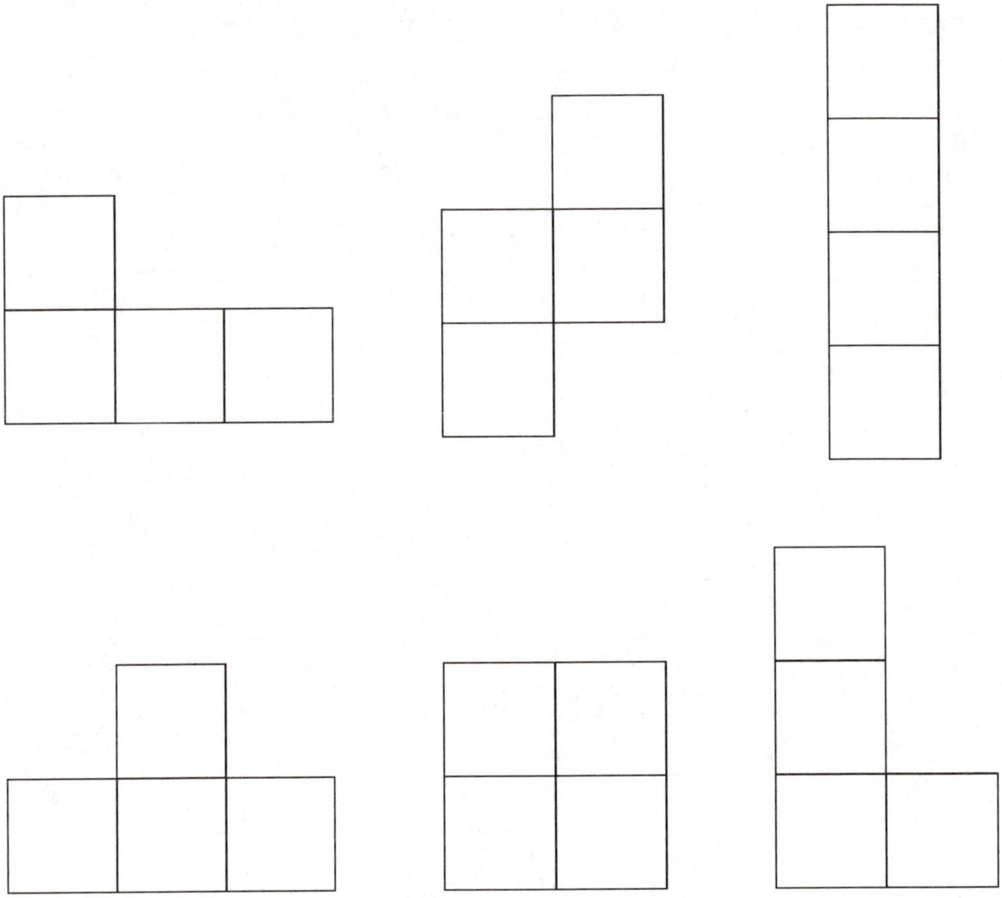

[A20] C

这道题考查你的空间思维能力。你可以亲手试一试。

转换方向

Q22 这里用 35 根火柴排出了一条呈方形的螺旋线。如果从里向外沿这条螺旋线行进，就要按顺时针方向兜圈子。

现在要求移动 4 根火柴，使图形仍是一条呈方形的螺旋线，不过从里向外沿这条螺旋线行进时，是按逆时针方向兜圈子。想想该怎样移动？

[A21] 12 种图案

①

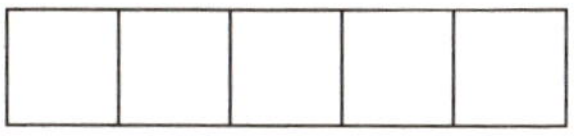

②

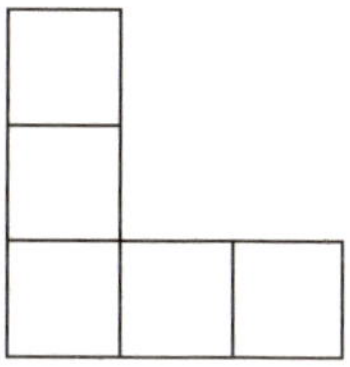

③

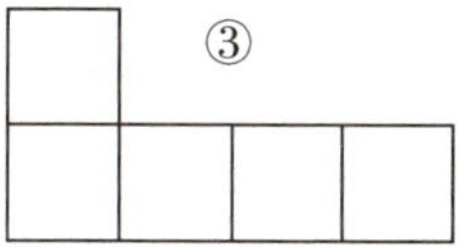

④

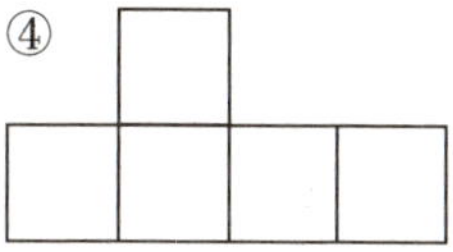

⑤

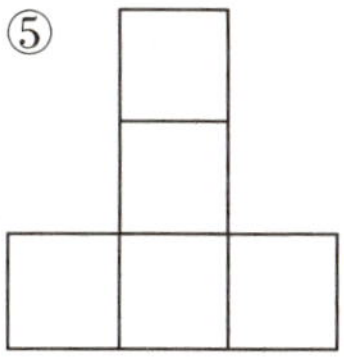

⑥

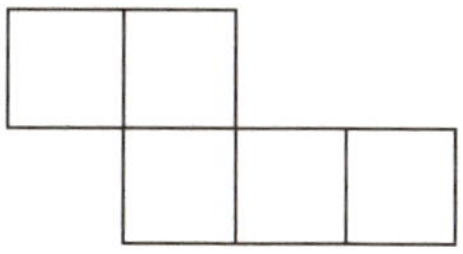

⑦

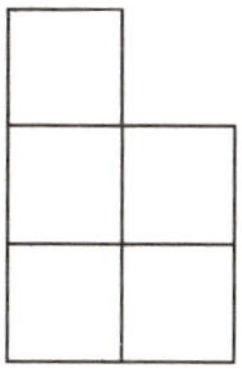

⑧

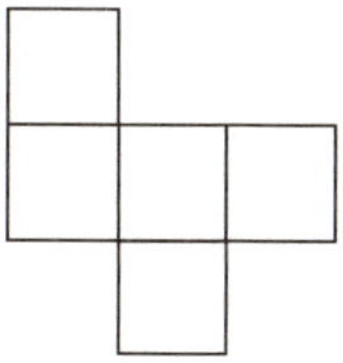

⑨

⑩

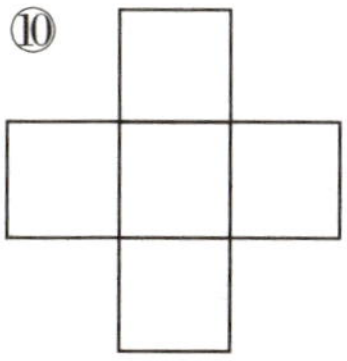

⑪

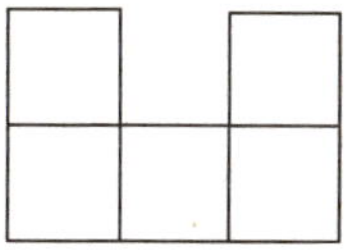

⑫

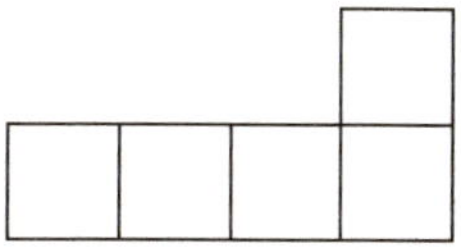

魔幻正方

Q23 用 12 根火柴可以摆成 4 个相等的正方形。那么你能完成下面的变形吗？

①拿掉 2 根火柴，变成 2 个正方形。

②移动 3 根火柴，变成 3 个相等的正方形。

③移动 4 根火柴，变成 3 个相等的正方形。

④移动 4 根火柴，变成 10 个正方形。

[A22]

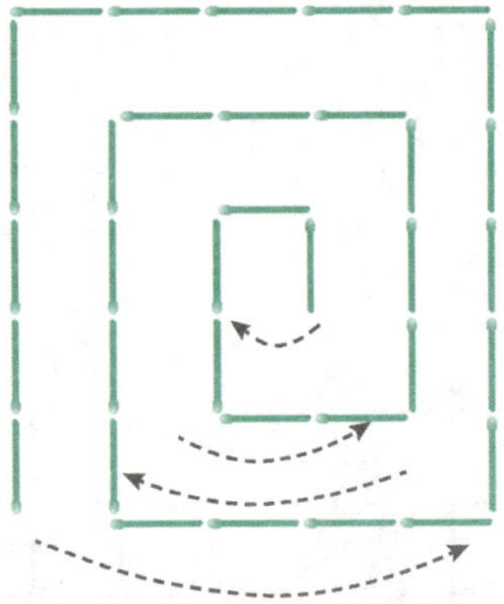

恢复图形

Q24 图①的图形被瓜分成了图②的样子，它还想回到原来的样子，那么，它该加入哪一个呢？

①

②

A　　B　　C　　D

[A23]

①

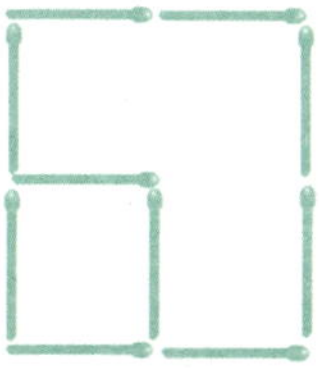

②

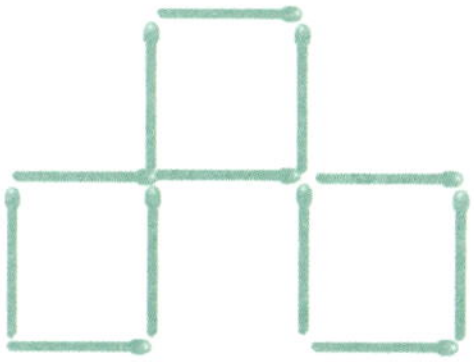

③

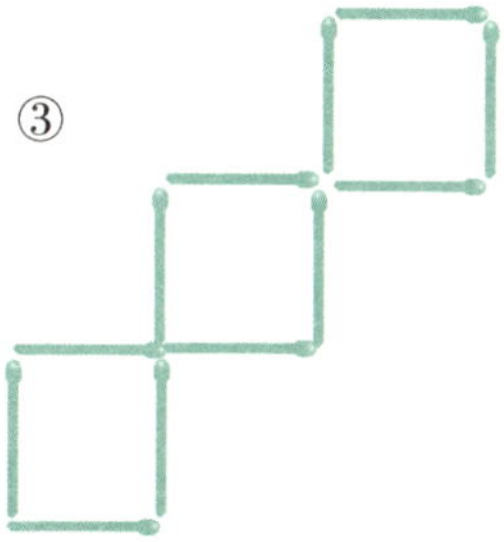

④

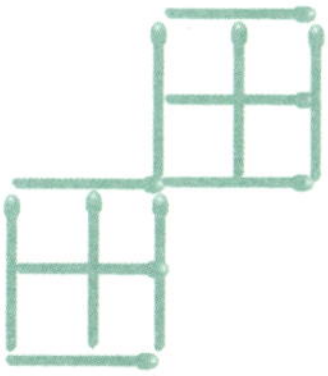

移动金字塔

Q25 下图是利用圆圈排成的金字塔图形。以移动最少的圆圈为原则，将金字塔图形上下颠倒。以 2~5 层的金字塔图形为例，只要移动图中深色的圆圈，就可以将图形上下颠倒。请问，要将 6 层金字塔图形上下颠倒，最少需要移动几个圆圈？

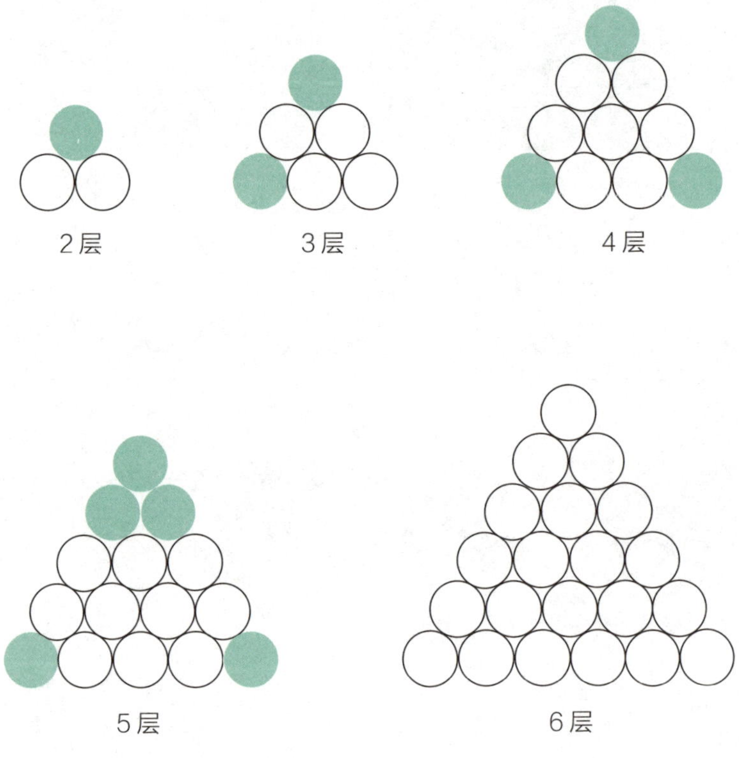

[A24] B

天使迷宫

Q26 这是一个简单的填字游戏，请把 angel（天使）的 5 个字母填入 5×5 的迷宫中，使每行、每列都包含 A，N，G，E，L 这 5 个字母。

			G	N
	N	L		
N				E
		N	L	
G	A			

[A25] 7 个

其实，只有当金字塔层数是 3 的倍数时，才会出现非对称的移动方式。所以，只要移动图中深色的圆圈，就可以将金字塔上下颠倒了。

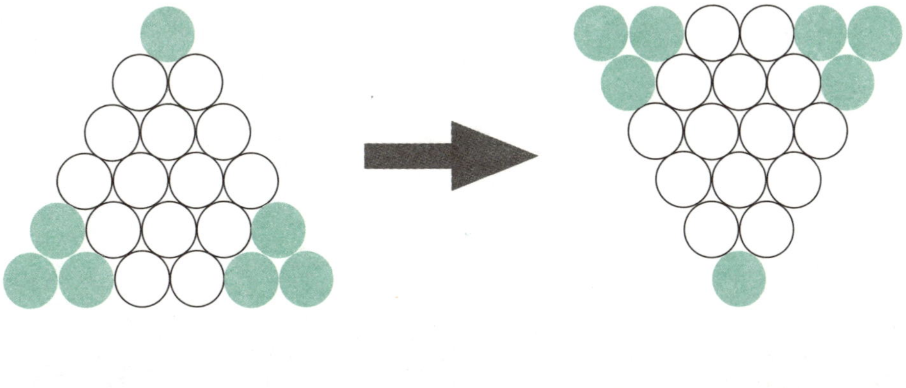

连圆点

Q27 ①如何用 4 条直线一笔将图中的 9 个圆点连起来？

②图中有 12 个圆点，请你一笔把它们连起来。最少需要多少条直线呢？

③图中有 16 个圆点，请你一笔把它们连起来。最少需要多少条直线呢？

[A26]

L	E	A	G	N
A	N	L	E	G
N	L	G	A	E
E	G	N	L	A
G	A	E	N	L

分园地

Q28 在一座美丽的花园里有一块园地，现在要用 7 根火柴把下面的园地示意图分成形状和面积一样的 3 块。怎么分呢？

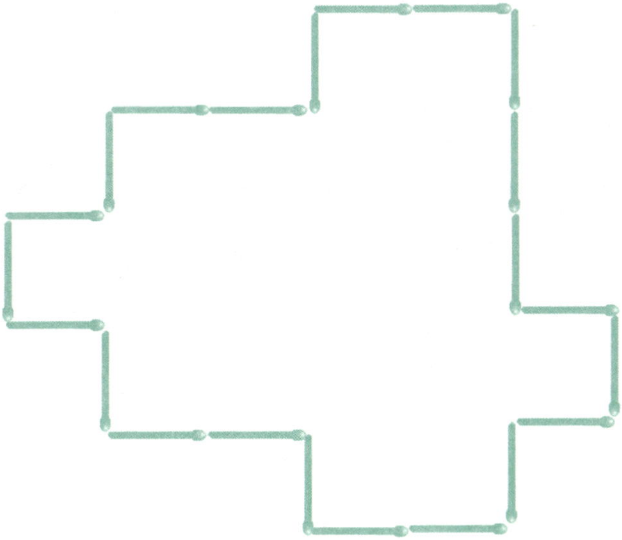

[A27] ②最少需要 5 条直线　③最少需要 6 条直线

①

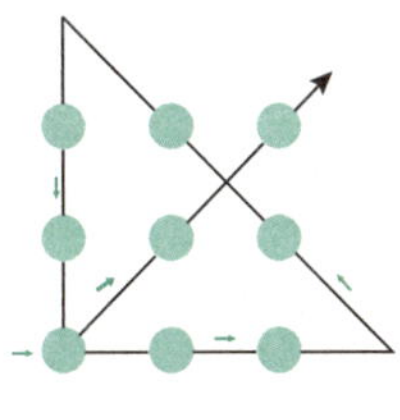

②

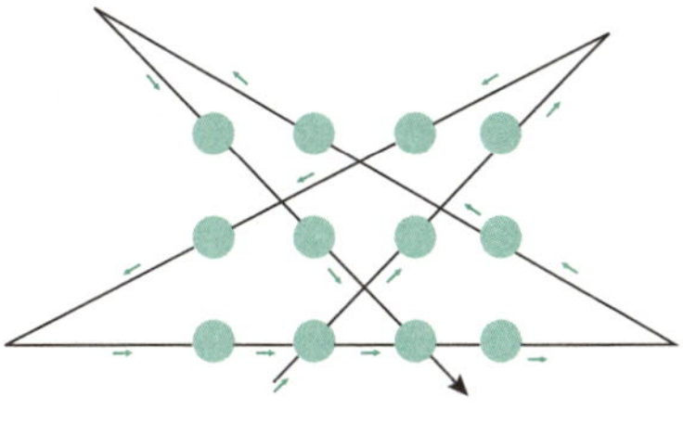

③

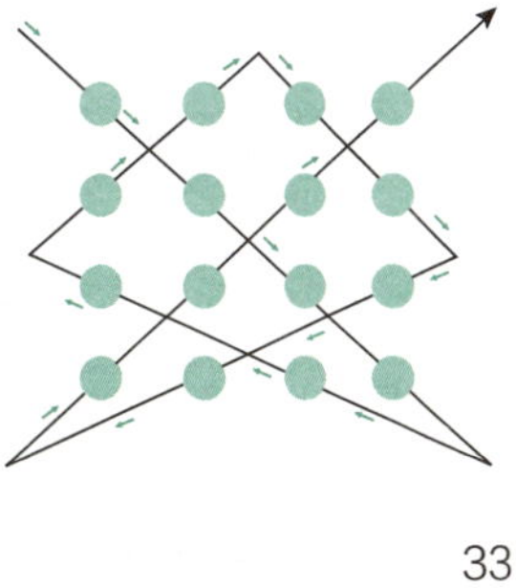

游遍全国

Q29 下图是某地景区分布图，字母就是各个著名景点。某人计划从 a 处出发，每个景区只经过一次，且路线不能交叉和重复。他应该怎样走才能游遍所有的景区？

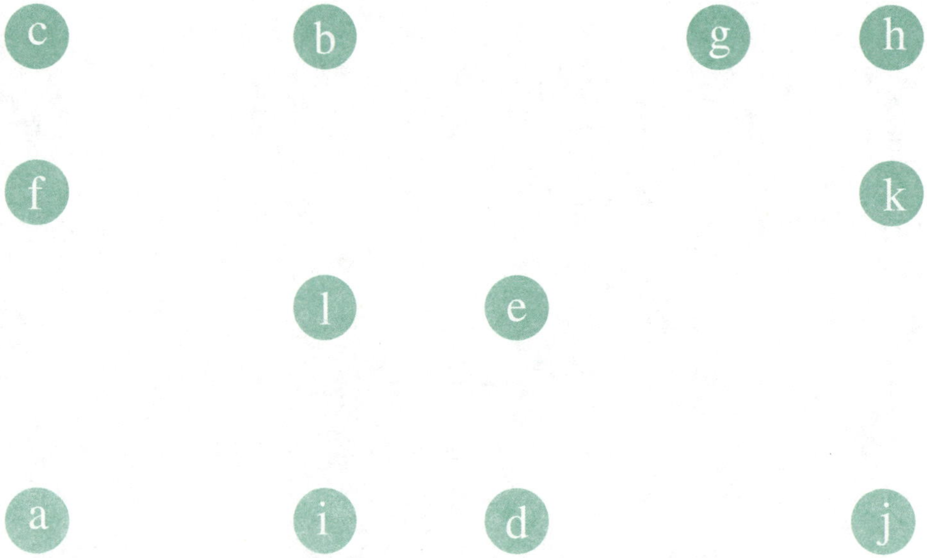

[A28]

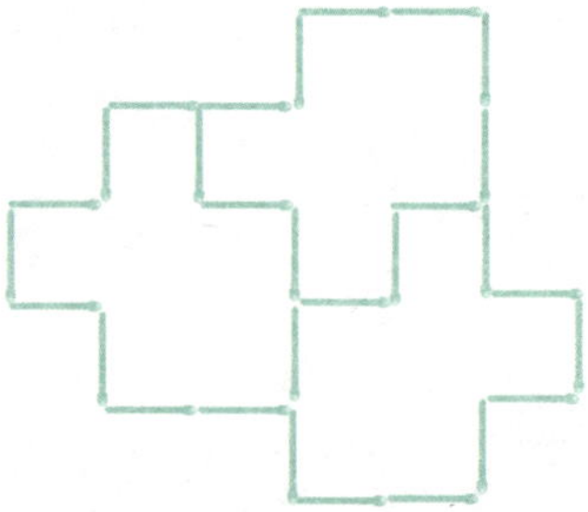

巧手拼桌面

Q30 木匠想用剩下的一块多边形木料（如图）拼成一个正方形的桌面，本想多锯几下，又怕太零碎了桌面会不结实。最后他只把木料锯成了两块就拼出了正方形桌面。他是怎么锯的呢？

[A29] 按要求走完所有景区的方法有多种，你找到了几种呢？这里介绍较为复杂的一种走法：

a—f—c—d—e—b—g—l—i—j—k—h

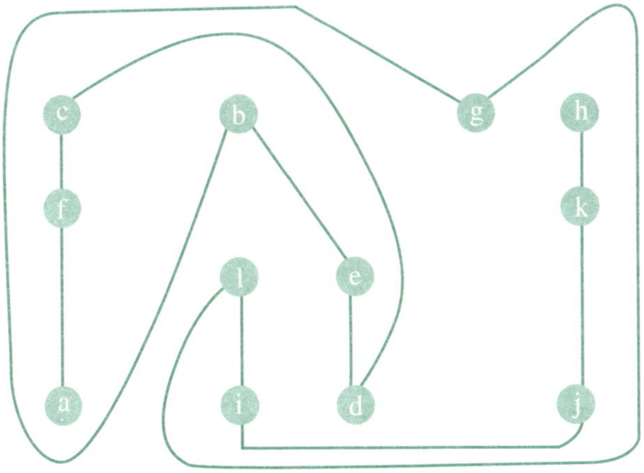

难辨的圆环

Q31 下图的这个圆环让人看得眼花缭乱，但还有进一步的考验，你能找出与示例图正好左右相反的图形吗？

A　　B　　C　　D

[A30]

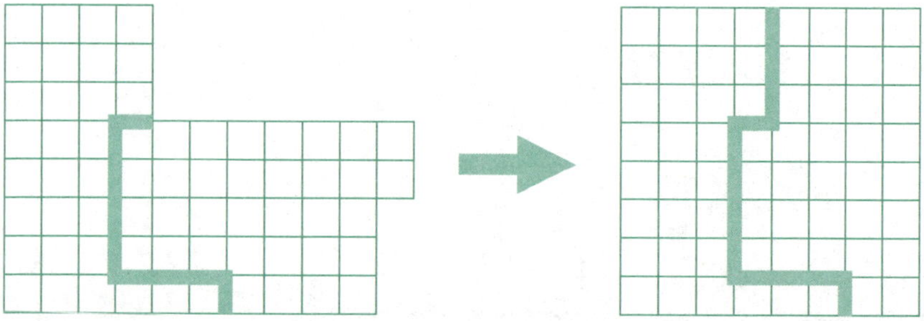

滚动的扇形

Q32 下图是一个 1/4 圆的扇形，排除水平滑行，当它随扇形从 1 滚动到 2 的位置上，P 点的滚动轨迹应该是怎样的呢？

A

B

C

D

[A31] A

抓住一个特定的圆环的位置，能帮助你快速解答出本题哦。

图形对应的规律

Q33 如果图形 A 对应图形 B，那么图形 C 对应哪个图形？

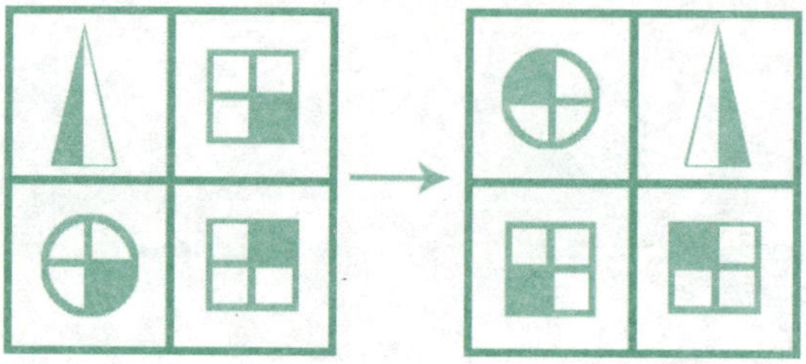

A　　　　B

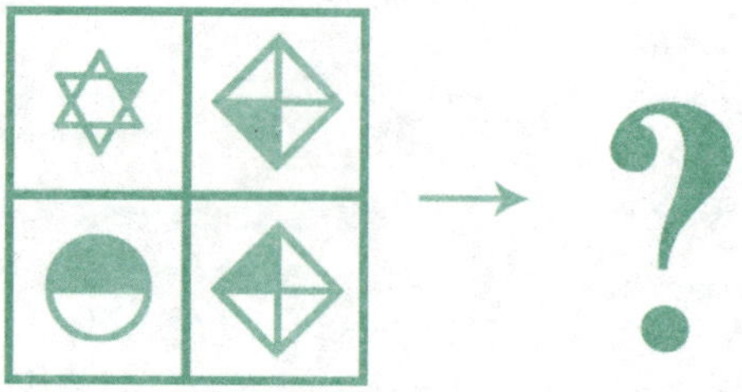

C

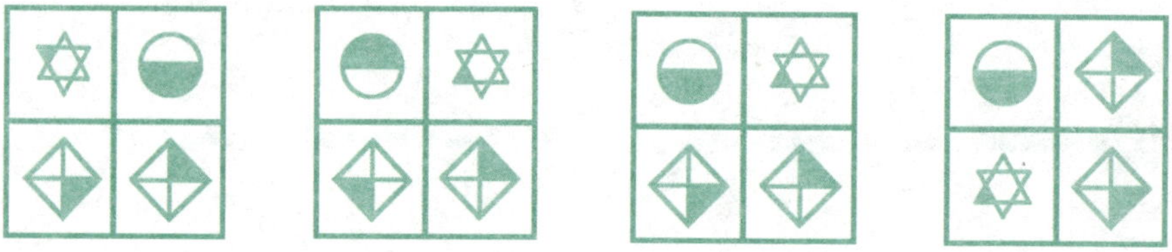

D　　　　E　　　　F　　　　G

[A32] D

会变成两侧以 1/4 圆弧、中间部分以直线连接起来的轨迹。

找出路

Q34 从 A 走到 B，只能沿着小旗指示的方向前进，下图是走不通的。现在要求调转小旗的方向，使道路畅通，最少要改变几支小旗的方向？

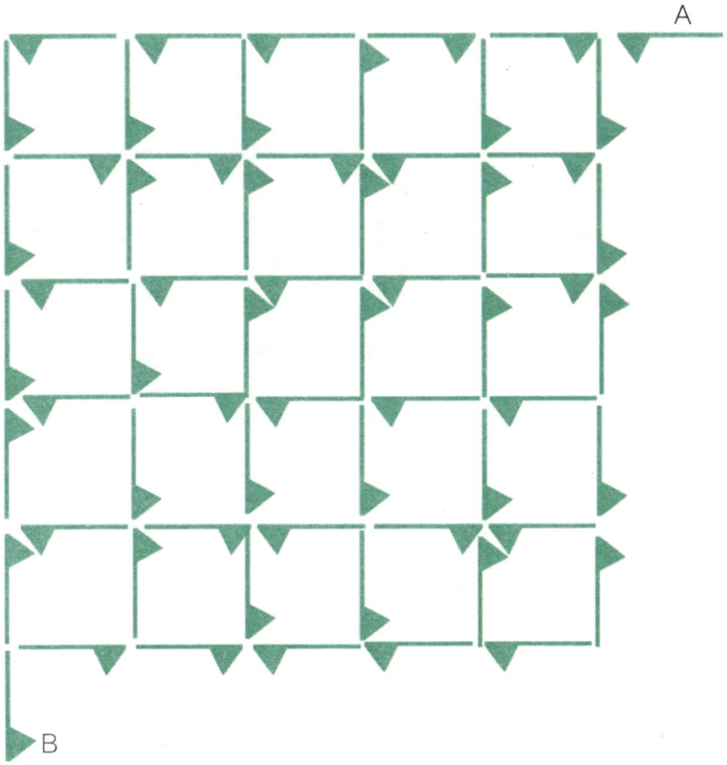

[A33] F

每一个部分均按顺时针方向旋转一个位置，并且每一个图案中带阴影部分均与对面部分对调。

花瓣变圆月

Q35 马上就要举行中秋节晚会了，同学们都在认真地布置教室。突然，有人大声说道："中秋节晚会上怎么没有圆月呢？"忙碌的同学们这才发现教室里全是各种花瓣，没有圆月。这时，有位同学说："我知道怎么用花瓣拼成圆圆的月亮，只需要在花瓣上剪两刀就可以了。"那么，你知道花瓣怎么变圆月吗？

[A34] 移动两支小旗

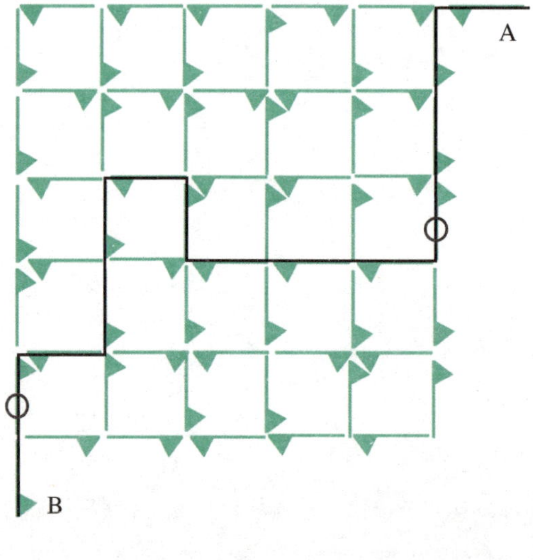

栽树

Q36 有 20 棵树，若每行栽 4 棵，按照下面的方法，可以栽出 16 行。仍然是 20 棵树，每行栽 4 棵，你能栽出 18 行吗？

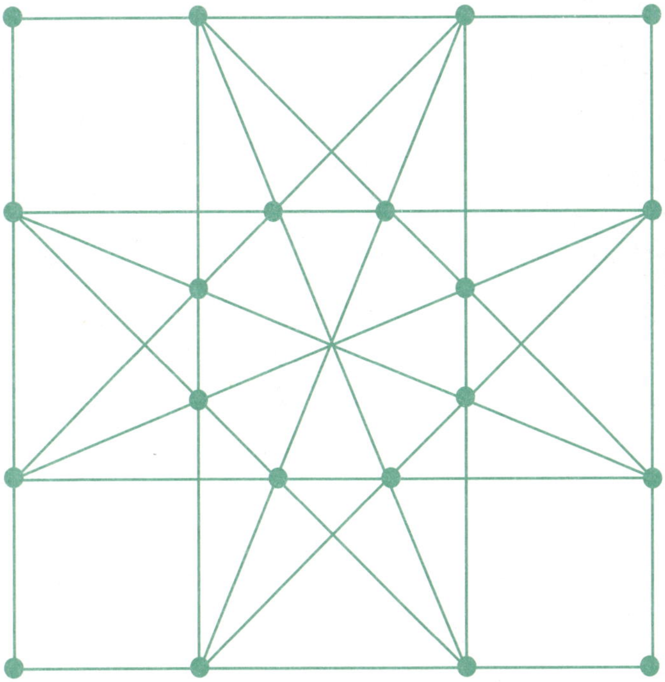

[A35]

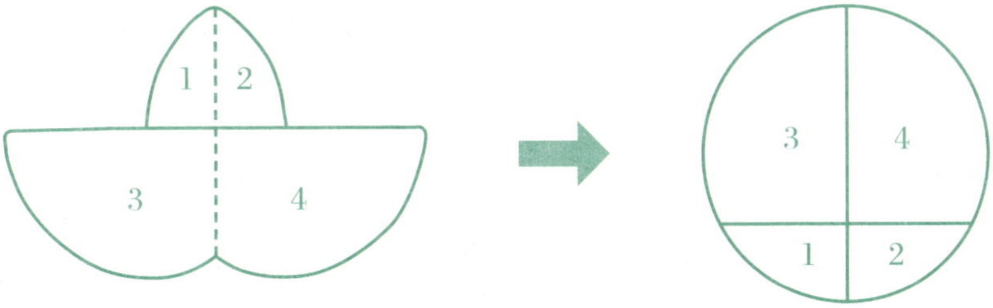

只准剪一刀

Q37 你能在这两个图形上只剪一刀，然后将它们拼成一个正方形吗？

[A36] 按下图的栽法，可使得 20 棵树形成 18 行

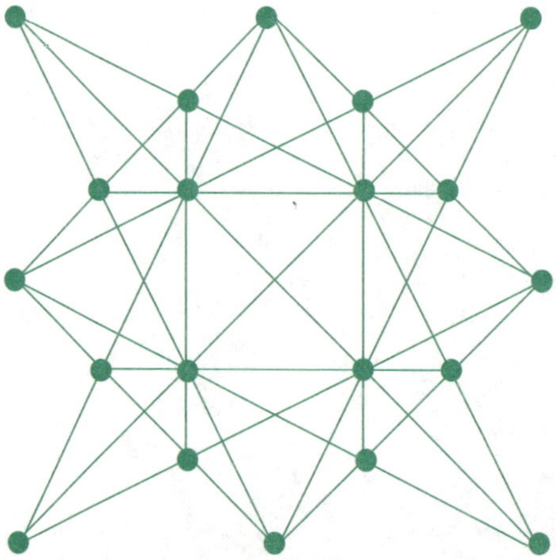

找不同

Q38 找出图中与众不同的那一个。

A

B

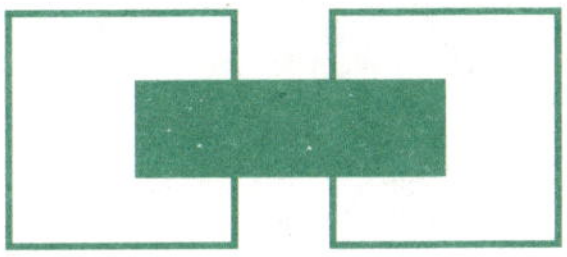

C

D

E

[A37]

把两个图形叠起来剪（如图①），一刀就行了。然后再拼起来，便是正方形了（如图③）。

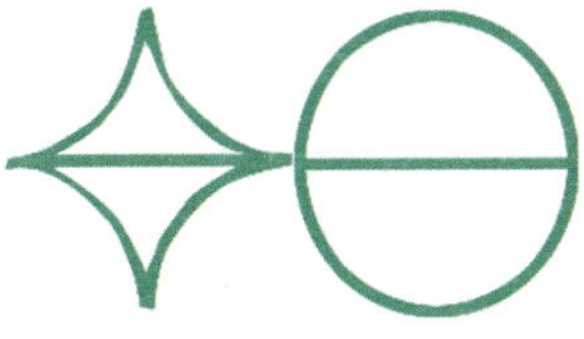

①

②

③

填充草莓

Q39 根据草莓的分布规律，填满下图空白处还需要多少个草莓？

[A38] E

只有这个选项中间的方块为白色。

车辆的摆放

Q40 根据图形的排列规律，问号处应该填哪幅图呢？

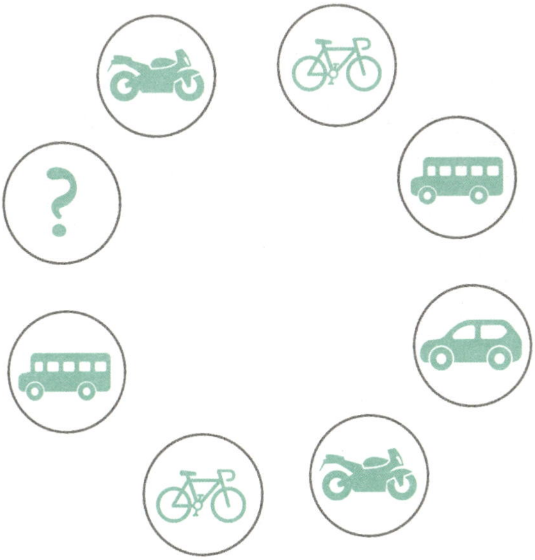

A B C D

[A39] 还需要 19 个

图中每行有 12 个草莓，减去已有的数目，即为缺少的数目。

替代图

Q41 观察示例图，不用 B 就可以把这个正方形组合起来。还有一种情况，用 B 不用另一个也能组合成示例图的样子，请问是哪一个呢？

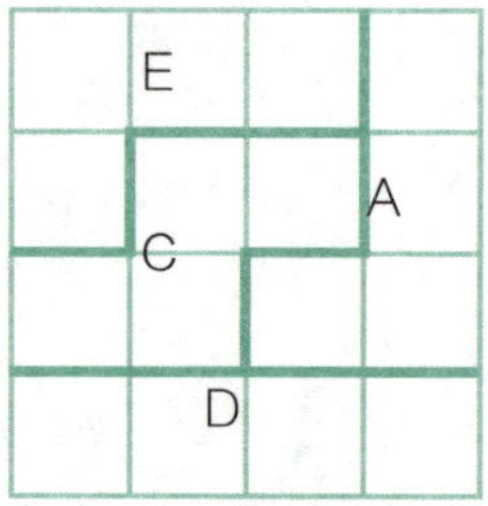

示例图

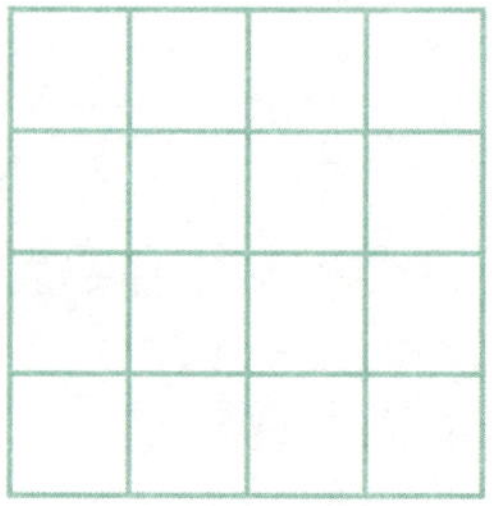

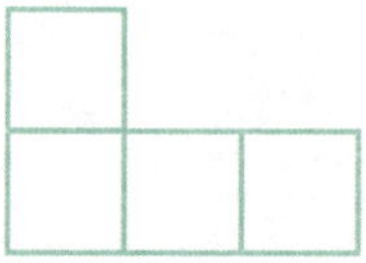
A

B

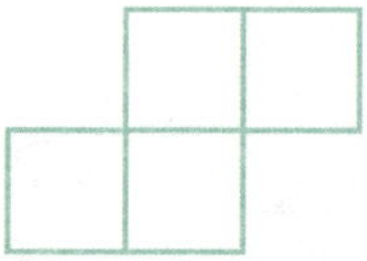
C

D

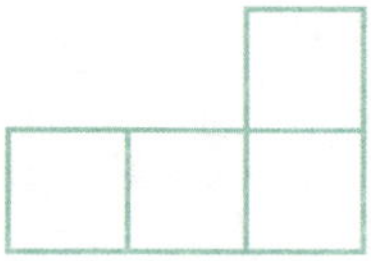
E

[A40] D

此图的规律是对角线所放的图形是相同的。

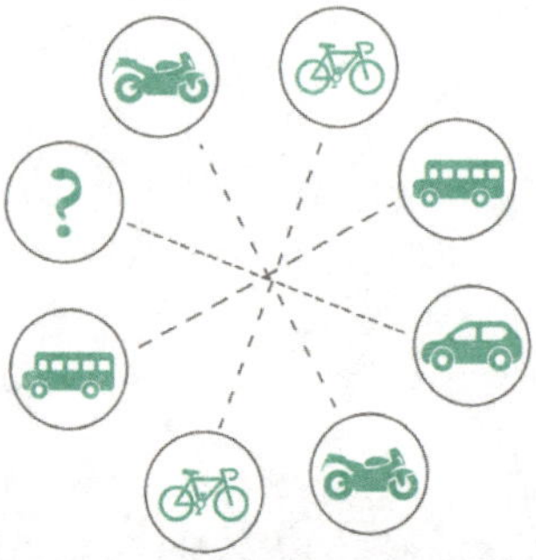

你该怎么做

Q42 32 根火柴放在下图的方格内。

①去掉其中 4 根，其余火柴位置做适当调整，使大正方形每条边上的和都是 9。
②第 2 次再去掉 4 根，其余火柴位置做适当调整，使大正方形每条边上的和都是 9。
③第 3 次再去掉 4 根，其余火柴位置做适当调整，使大正方形每条边上的和都是 9。

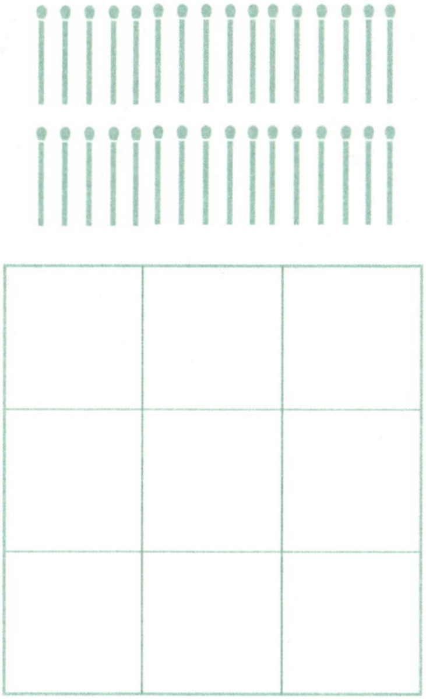

[A41] C

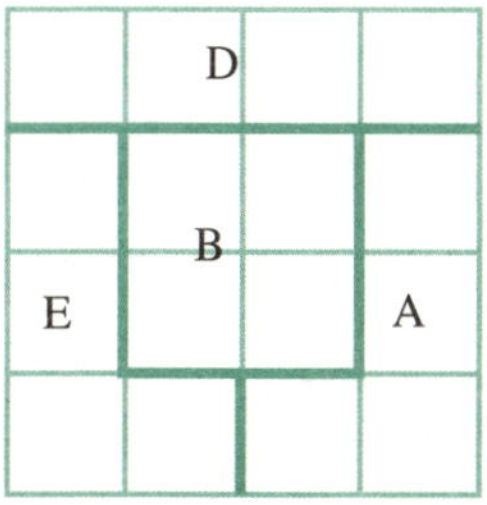

该放哪一种水果

Q43 在图中的 25 个空格里，有苹果、草莓和桃子 3 种水果。这 3 种水果按照一定的规律摆放在空格里。请你好好看看它们摆放的顺序，思考一下，问号处应该放哪一种水果？

[A42]

①
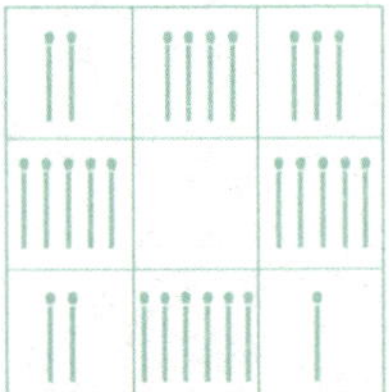

②
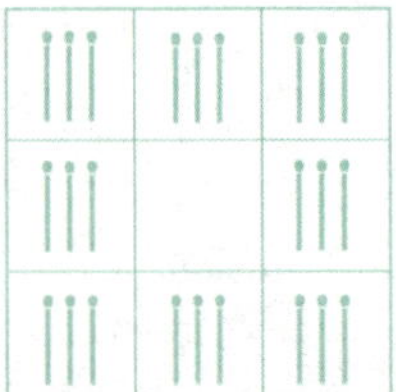

③
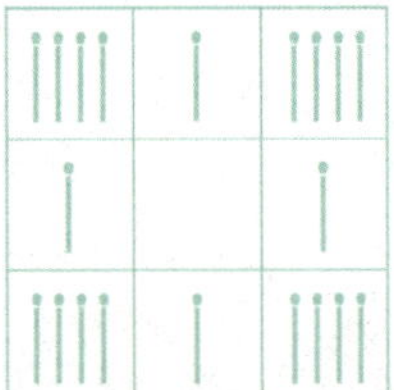

依序找图

Q44 你能根据前面 3 个图形的排列规律，从 4 个选项中选取一个放入问号处吗？

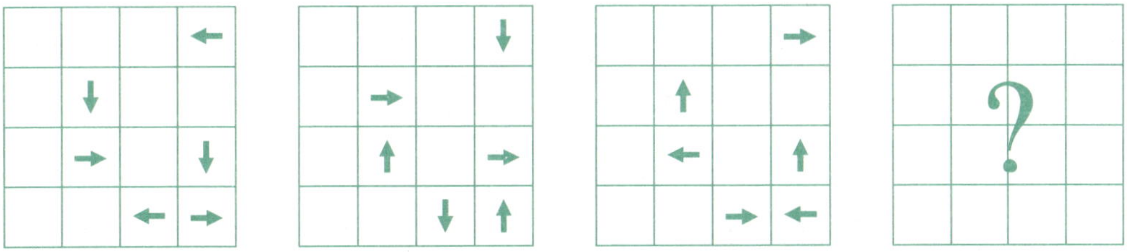

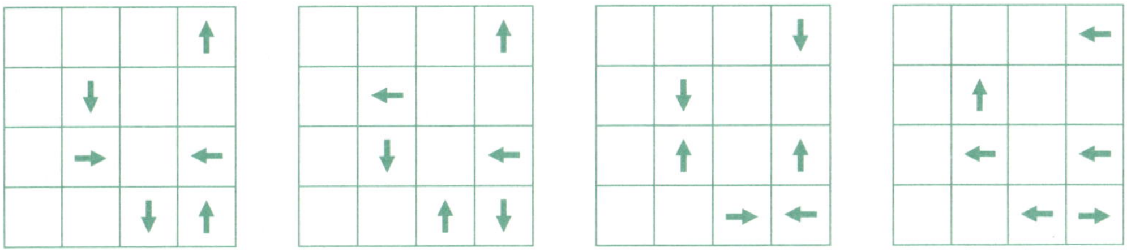

A　　　B　　　C　　　D

[A43] 问号处应该放桃子

这张图里 3 种水果的排列，从里到外形成一个漩涡状，排列的顺序依次是苹果、桃子、草莓。如果你能看出这一点，答案也就很简单了。

折叠后的样子

Q45 把下面的图形按虚线折叠，会变成哪一个图形呢？

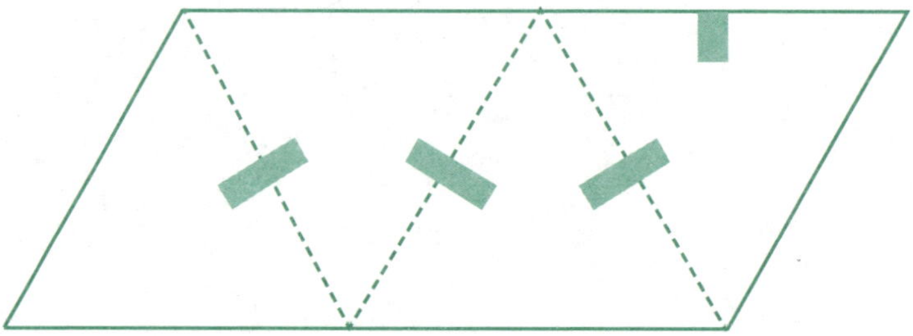

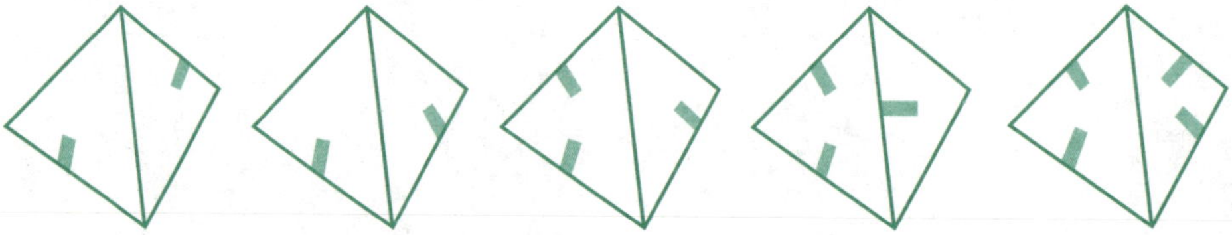

A B C D E

[A44] B

每一个箭头均按逆时针的方向旋转 90 度，即是箭头的排列规律。

下棋

Q46 有两个棋子，A 要走到 B 处，要求每格都得走到，但不准重复、不准跳动，你有几种走法？

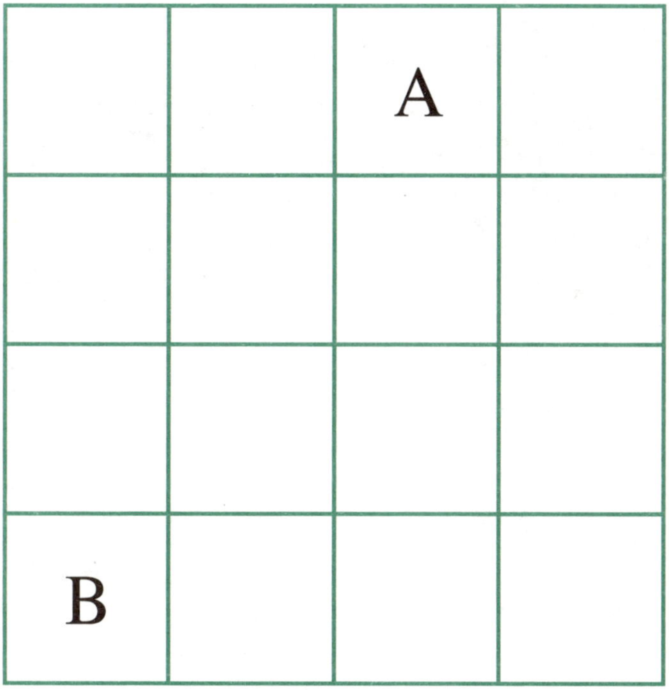

[A45] C

几个水龙头

Q47 如果让水流到水桶里，最少要开几个水龙头可以办到？

[A46] 4 种

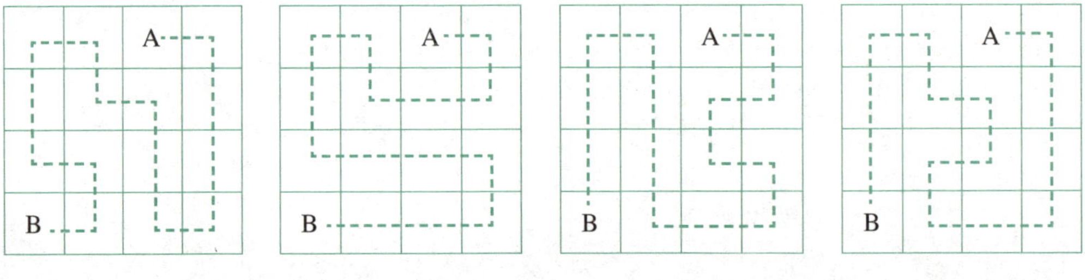

棋盘

Q48 将上面的图形分别填入下面的方格形棋盘中，且每行与每列中的图形都不得重复，你能完成任务吗？

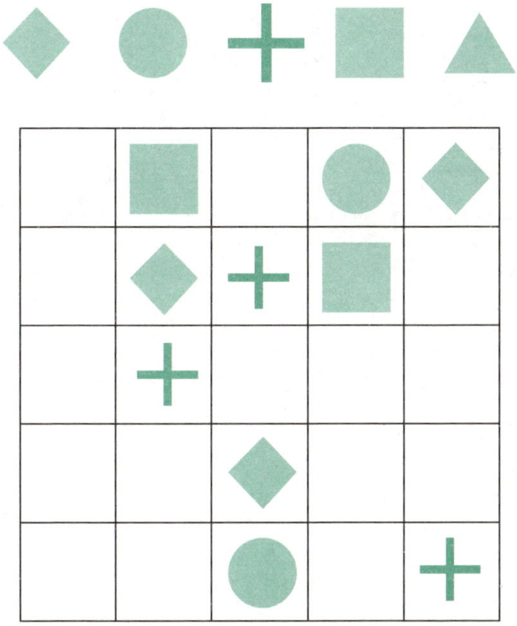

[A47] 只要打开一个水龙头就可以让水流到桶里了。如图：

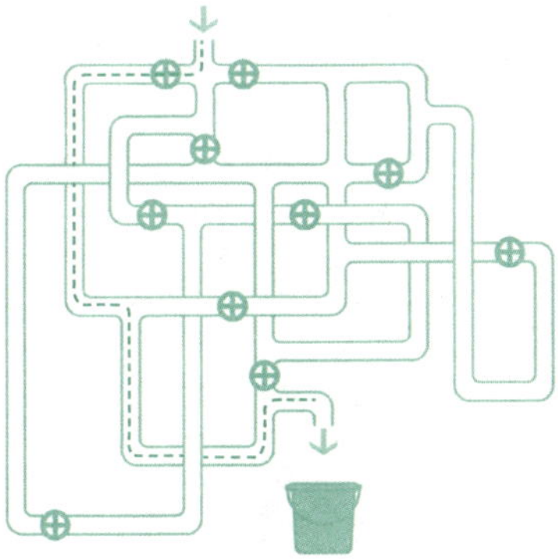

找相同的布局设计图

Q49 选项中，哪两个是按照上面的布局设计图构成的？

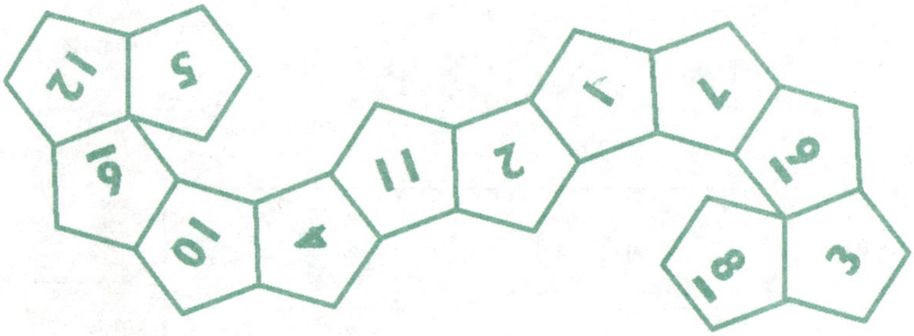

A

B

C

D

E

F

[A48]

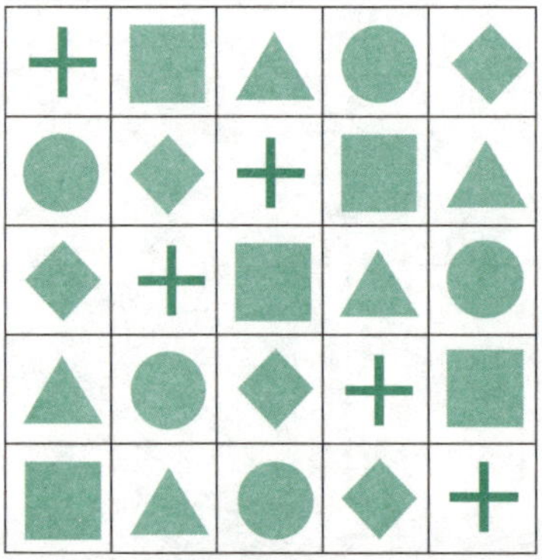

时髦妈妈的裙子

Q50 时髦妈妈嫌她的这条裙子过时了，就把它改成了一条正方形的裙子，而且只剪了一下。你知道她是怎么做的吗？

[A49] D 和 E

[A50]

先将裙子对折一下（如图①），再一刀将旁边多余的部分剪下，最后展开裙子，将剪下的部分拼在裙子底部边缘（如图②），正方形裙子就拼成了。

①　　②

小蚂蚁搬家

Q51 下大雨了，可怜的小蚂蚁又要搬家。又饿又累的它要从立方体的 A 点爬到 B 点，你能帮它设计一条最短的路线吗？

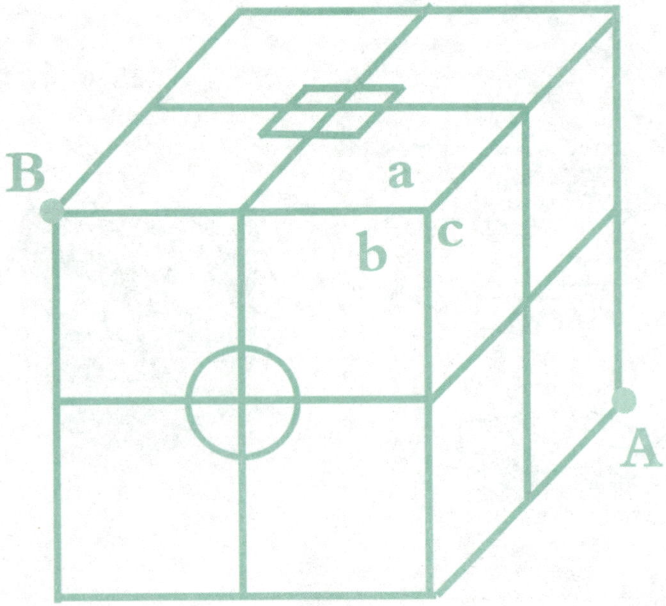

[A51]

将立方体展开（如下图），A 和 B 的连线即是最短路线。

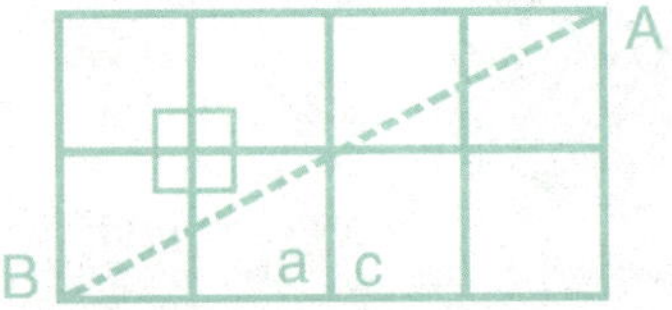

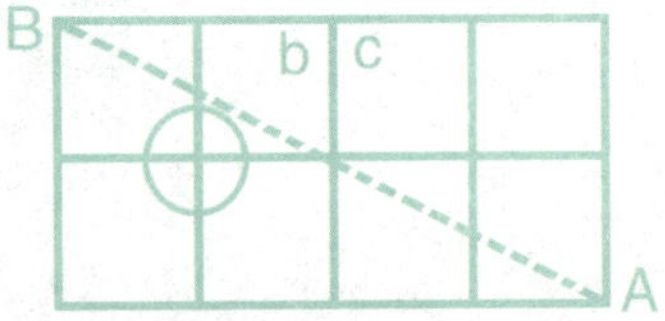

Part 2
超权威计算能力测试

水多还是白酒多

Q1 桌子上放着同样大小的两个瓶子，一瓶装着白酒，一瓶装着水，两个瓶子里的液体一样多。如果用小勺从第一个瓶子中取出一勺白酒，倒入第二个瓶子中，搅匀后，再从第二个瓶子中取一勺混合液，倒回第一个瓶子中。那么这时是白酒中的水多呢，还是水中的白酒多呢？

几位棋手

Q2 在一场象棋循环赛中，每位棋手必须和其他棋手对弈一局，且同一对棋手只对弈一次。这次比赛共对弈了 36 局棋，问共有几位棋手参加了比赛？

爱抽烟的人

Q3 有一个人很节省，他常常用3截烟蒂接成一支香烟来吸，既省钱又可以满足自己的烟瘾。一天半夜，他吸完了整盒香烟，到了早上，烟盒里没有烟了，而烟灰缸里横七竖八地放着7截烟蒂。于是，他开始像以往一样，把烟蒂收集起来，接成整根香烟，美美地吸完了。

这个早上他能吸到几根香烟？

提示：别忘了烟蒂的烟蒂也是有用的哦。

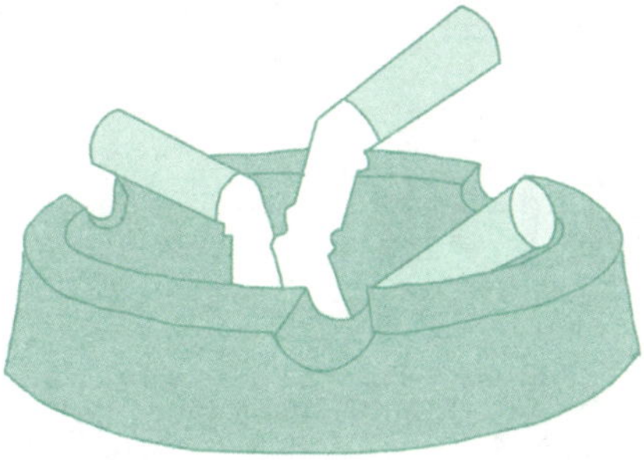

共有多少人

Q4 四年级有甲、乙、丙、丁四个班，不算甲班，其余三个班的总人数是131人；不算丁班，其余三个班的总人数是134人；乙、丙两班的总人数比甲、丁两班的总人数少1人，问这四个班共有多少人？

[A1] 一样多

第二次取出的那勺水，因为它和第一勺体积相等，都设为a。假设这勺混合液中白酒所占体积为b，那么倒入白酒瓶的水的体积为a－b。第一次倒入水瓶的白酒为a，第二次舀出b体积白酒，则水里还剩a－b体积白酒。所以白酒瓶里的水和水瓶里的白酒一样多。

[A2] 共有9位棋手参加了比赛

设共有x人，那么所有的对局数为$(x-1)+(x-2)+\cdots+1=36$；根据数学公式$(x-1)\times[(x-1)+1]/2=36$，解得$x=9$。也就是说连续的自然数的和等于首项加上末项除以2，然后乘以项数。

星期几

Q5 2003 年 7 月 1 日是星期二，那么 2005 年 7 月 1 日是星期几？

围土地

Q6 用如下图所示的 12 根长度相同的横杆围土地，如果用横杆围成正多边形，你知道能围出最大土地面积的是正几边形吗？

[A3] 3 根

很多人会立刻回答两根，他们忽略了“烟蒂的烟蒂”是重复出现的这个问题。

[A4] 177 人

131 + 134 = 265，这是一个甲、丁和两个乙、丙的总和，因为乙、丙两班的总人数比甲、丁两班的总人数少 1 人，所以用 265 − 1 = 264 就刚好是三个乙、丙的和，264 ÷ 3 = 88，就是说乙丙的和是 88，那么甲丁和是 88 + 1 = 89，所以四个班的和是 88 + 89 = 177 人。

几个座位

Q7 有一条公交车的行车路线，除去起始站和终点站外，中途有 9 个车站。一辆公交车从起始站开始上乘客，除终点站外，每一站上车的乘客中，都恰好各有一位乘客从这一站到以后的每一站下车。为了使每位乘客都有座位，这辆公交车至少要有多少个座位？

[A5] 星期五

2004 年是闰年，共有 366 天，所以从 2003 年 7 月 1 日到 2005 年 7 月 1 日共有 731 天。731 除以 7 的余数等于 3，2003 年 7 月 1 日是星期二，则 2005 年 7 月 1 日是星期五。

[A6]

可以先把这 12 根横杆分别围成正三角形、正方形、正六边形，发现正三角形、正方形、正六边形的面积越来越大。由此可以判断，正多边形的边数越多，围成的图形面积也就越大，所以 12 根横杆围成的土地面积最大的图形是正十二边形。

被淋到多少雨

Q8 一个人上班时忘了带雨伞，下班时正好赶上下小雨，假设水的密度为 1 千克 / 立方米，雨的速度为 1 滴 / 秒、聚集度为 1 滴 / 平方厘米、厚度为 0.1 毫米，而一个人的肩宽为 50 厘米、厚为 10 厘米。假设雨是均匀分布的，你能估算出一个行进在小雨中的人，他在 5 分钟内身上淋到的雨的质量吗？

提示：可以把人抽象成一个具体的模型来考虑。

测量红酒

Q9 有一个红酒瓶，它的下半部分是圆柱形，高度为整个瓶高的 3/4；它的上半部分形状不规则，占瓶高的 1/4。现在瓶内只剩下半瓶红酒，请问利用一把直尺，在不打开瓶盖的情况下，怎样测定这些红酒占整个红酒瓶的百分比？（红酒瓶的内径可以忽略不计。）

[A7] 30 个座位

中途有 9 个车站，加上起始站和终点站共 11 个车站，那么第 1 站（即起始站）应该至少上来 10 个人，才能保证以后的每一站都有人下车。第 2 站应该下 1 人，上 9 人，依次类推，于是在第二站至第三站之间汽车上实有 10 + 9 − 1 = 18（人）。这样推算下去，列表如下：

站号	1	2	3	4	5	6	7	8	9	10	11
上车人数	10	9	8	7	6	5	4	3	2	1	0
下车人数		1	2	3	4	5	6	7	8	9	10
车上实有人数	10	18	24	28	30	30	下车的人比上车的人多，车上人数减少				

三人买鱼

Q10 甲、乙、丙三人合买一条鱼，甲要鱼头，乙要鱼尾，丙要鱼身。这条鱼的头重 1 千克，鱼身重是头尾重的和，尾重是半头半身的和。鱼的牌价是：鱼头每千克 10 元，鱼尾每千克 6 元，鱼身的单价是头尾的和。他们三个每人该付多少钱呢？他们算了半天也算不清。请你来帮他们算一算。

巧分牛奶

Q11 一天，一位数学家去乡间散步，他在路上刚好碰到了一位遇到麻烦的农场主。一位客人想买两桶 4 千克的牛奶，但农场主的牛奶都是 8 千克一桶。现在，农场的秤被借走了，且只有 5 千克和 3 千克的桶，幸好有数学家帮忙，农场主才卖出了牛奶。你知道数学家是怎样解决这个难题的吗？

[A8]

把人抽象成一个长方体，另外，雨是均匀分布的，并且是垂直的（无风），雨以 1 滴 / 秒的速度飞向人，然后聚集度为 1 平方厘米 1 滴，而人的肩膀宽 50 厘米，厚 10 厘米，1 滴雨面积大约 1 平方厘米，而厚度大约 0.1 毫米，得出 5 分钟 ×60 秒 ×50 厘米 ×10 厘米 ×1 滴 / 秒 ×1 滴 ×1 平方厘米 ×0.01 厘米 ×1 克 = 1 500 克。

[A9]

先把红酒瓶正放，用直尺量出瓶子里红酒的高度；再把瓶子倒过来，量出从红酒的液面到瓶底的高度。红酒在瓶子圆柱形部分占的高度和第二次量的空出部分占瓶子圆柱形部分的高度相加，就是视为圆柱体的整个红酒瓶容积的高度。这样，就可以用红酒的高度占整个红酒瓶高度的百分比算出红酒占整个瓶子容积的百分之几了。

招生计划

Q12 有一所三年制高中，每年级为 300 人，共 900 名学生。该校制定了一个比现有 900 名学生翻一番的扩大招生计划，决定从明年新生入学开始，每年招生要比前一年多 100 人。请问几年后才能完成这个扩大招生计划呢？当然，每年的毕业生会照常毕业。

细菌分裂

Q13 某种细菌的分裂速度十分惊人，最初 1 分钟由一个分裂成两个。再过 1 分钟，已分裂成的两个又各分裂成两个，合计 4 个。如此繁衍分裂，一个细菌 1 小时分裂成满满的一瓶子。同种细菌，如果最初是由两个起始分裂，要达到同样满满的一瓶子，需要几分钟？

提示：一般人的思维，会认为由两个细胞开始分裂会节约一半的时间，但真的是这样吗？

[A10] 甲付 10 元，乙付 12 元，丙付 48 元

设鱼身重为 x，已知头重 + 尾重 = 身重。所以 $1+(1/2+x/2)=x$，解得 $x=3$。尾重为半头半身重，即 $1/2+3/2=2$。所以，甲付 $1\times10=10$ 元，乙付 $2\times6=12$ 元，丙付 $3\times(10+6)=48$ 元。

[A11]

按照下面表格所示的分法就能解决问题。

次数＼容器	8 千克	5 千克	3 千克
第一次	3	5	0
第二次	3	2	3
第三次	6	2	0
第四次	6	0	2
第五次	1	5	2
第六次	1	4	3
第七次	4	4	0

乘积是多少

Q14 某人做两位数乘两位数乘法时，把一个乘数的个位数 5 误写成 3，得出的乘积是 552，另一个学生却把 5 误写成 8，得出的乘积是 672。那么正确的乘积是多少?

吹肥皂泡

Q15 小华每分钟吹一次肥皂泡，每次恰好吹 100 个。肥皂泡吹出之后，经过 1 分钟有一半破裂，经过 2 分钟还有 1/20 没有破裂，经过 2.5 分钟肥皂泡全部破裂。小华在第 21 次吹出 100 个新的肥皂泡的时候，没有破裂的肥皂泡共有多少个?

[A12] 4 年

扩大招生后的第一年的新生入学数是 400 人，第二年是 500 人，第三年是 600 人。第四年的新生是 700 人。而在第四年，二年级学生为 600 人，三年级学生为 500 人，共计 1 800 人，增加了 900 人。

[A13] 59 分钟

可仍假设该瓶细菌是从一个开始繁殖的，1 分钟后，细菌变成了两个；2 分钟后，细菌变成了 4 个；60 分钟后，细菌充满了瓶子。显然，细菌若直接从两个开始繁殖，则只是节省了从一个变成两个的时间，即 1 分钟。

计票错误

Q16 一所大学正在推选学生会会长，候选人是刘伟和尚军，有 8 个计票处，每个计票处的结果如下表所示。这样看是刘伟以 7 票的优势当选，可是，有一个计票处把两人的票数弄反了，如果改正过来，结果就变成尚军以 27 票的优势胜出。那么，哪个计票处搞错了呢？

计票处	尚军票数	刘伟票数
1	132	65
2	83	90
3	25	40
4	110	144
5	129	146
6	97	108
7	141	113
8	71	89
总计	788	795

[A14] 600

（672 － 552）÷（8 － 3）＝ 24，即另一个乘数就是 24；552 ÷ 24 ＝ 23，故写错的乘数就是 25，则正确的乘积就是 24 × 25 ＝ 600。

[A15] 155 个

因为 2.5 分钟后全部肥皂泡破裂，所以第 19 次以前的全部破裂，第 21 次吹出 100 个新的肥皂泡时，没有破裂的有：100 ＋ 50 ＋ 5 ＝ 155 个。

天平问题

Q17 我们可以从图①中得出：1 个陀螺 + 3 个立方体 = 12 颗玻璃弹子。从图②中可以看出：1 个陀螺 = 1 个立方体 + 8 颗玻璃弹子。

那么假如天平左边有一个陀螺，右边应该放上多个颗玻璃弹子或者立方体才能使天平保持平衡呢？

①

②

③

练习问题

Q18 四人进行篮球传接球练习，要求每人接球后再传给别人。开始由甲发球，并作为第一次传球，若第五次传球后，球又回到甲手中，则共有多少种传球方式？

[A16] 第 5 计票处错了

订正前和订正后票数合计为 7 + 27 = 34，是订正过程中移动的票数，所以就认为是第四计票处（144 - 110 = 34），这样想就错了。因为，票的移动有正有反，所以实际上真正移动的票数应该是 34 ÷ 2 = 17。所以，146 - 129 = 17，是第五计票处出错了。把第五处的数字订正后再算一下，尚军 805 票，刘伟 778 票，这样就正确了。

台阶有多少

Q19 水水和果果在玩跳台阶的游戏，水水每一步跳2个台阶，最后剩下1个台阶；果果每一步跳3个台阶，最后会剩下2个台阶。水水计算了一下，如果每步跳6个台阶，最后剩5个台阶；如果每步跳7个台阶，正好1个不剩。你知道台阶到底有多少个吗？

提示：楼梯的阶数只要再加1，就是2、3、4、5、6五个数的公倍数、由于这五个数的最小公倍数是60，所以60 − 1 = 59能满足前五个条件的最小自然数。按照这个思路来解题。

汽车速度

Q20 司机在汽车行驶中的某一时刻，看到里程表上是一个对称数15 951。4小时后，里程表上又出现了一个新的对称数。问：这辆汽车是以什么速度行驶的？

提示：为安全起见，设新的对称数只能是16x61。

[A17]

我们给第二副天平的两边都加上3个立方体，由于两边加上的东西一样重，天平依然能够保持平衡。这时，第二副天平左边的东西就和第一副天平左边的东西一样了，这样我们可以推算出来：4个立方体 + 8颗玻璃弹子 = 12颗玻璃弹子，也就是说，立方体的重量刚好和玻璃弹子相等！也就是说，一个陀螺的重量等于9个立方体，或者等于9颗玻璃弹子！

[A18] 60种

若甲只有第一次、第五次传球，有 $3\times2\times2\times2 = 24$ 种
若甲第一次、第二次、第五次传球，有 $3\times3\times2 = 18$ 种
若甲第一次、第三次、第五次传球，有 $3\times2\times3 = 18$ 种
共有：$24 + 18 + 18 = 60$。

送礼物

Q21 甲、乙、丙三家约定 9 天之内各打扫 3 天楼梯。由于丙家有事，没能打扫，楼梯就由甲、乙两家打扫，这样甲家打扫了 5 天，乙家打扫了 4 天。丙回来以后就以 9 千克橘子表示感谢。

请问：丙该怎样按照甲、乙两家的劳动成果分配这 9 千克橘子呢？

救济款问题

Q22 一位好心的女士每星期都为一些特别困难的人捐款。她说，如果少来 5 个人的话，每个人就可以多得到两元。于是，每一位被救济的人都竭力说服其他人别来。但是，第二周领取救济款的时候，不仅没有缺人，反而多了 4 个人，这样他们每个人领到的救济款就比以前少了一元。

你知道上个星期他们每人得到了多少救济款吗？

[A19] 一共有 119 级台阶

根据提示可知，59 是能满足前五个条件的最小自然数。但是 59 不能被 7 整除。因此，只要在 59 上连续加 60，直到能被 7 整除为止，这个数就是所求楼梯的阶数。59 + 60 = 119，119 能被 7 整除。即这条楼梯共有 119 阶。

[A20] 52.5 千米 / 小时

设新的对称数为 16x61，且 x 只能取 0 和 1。因为当 x 取大于 1（例如 2）的数时，汽车的速度为（16 261 － 15 951）÷ 4 ＝ 77.5（千米 / 小时）。为安全起见，汽车在普通公路上行驶到这个速度是不允许的。这样，当 x 取 0 时（16 061 － 15 951）÷ 4 ＝ 27.5 千米或当 x 取 1 时（16 161 － 15 951）÷ 4 ＝ 52.5（千米 / 小时）。

消失的钱

Q23 两名女子在市场上卖苹果，其中一位叫史密斯的夫人因故要马上离开，于是她请琼斯夫人帮她把苹果卖掉。两个人的苹果数目同样多，但是琼斯夫人的苹果个头大一些，1便士卖两个，而史密斯夫人的苹果1便士卖三个。接受了史密斯夫人的请托后，琼斯夫人希望能更公平一些，于是她将两人的苹果合在了一起，2便士卖5个。

过了一天，史密斯夫人回来时，苹果已经全部卖完了，但是，她们分钱的时候发现少了7便士。正是这个苹果问题让数学家们迷惑了很长一段时间。

假如她们平均分配卖苹果的收入，一人一半，那么，琼斯夫人在这次不愉快的合作中损失了多少钱？这又是为什么呢？你知道她们每个人有多少苹果吗？

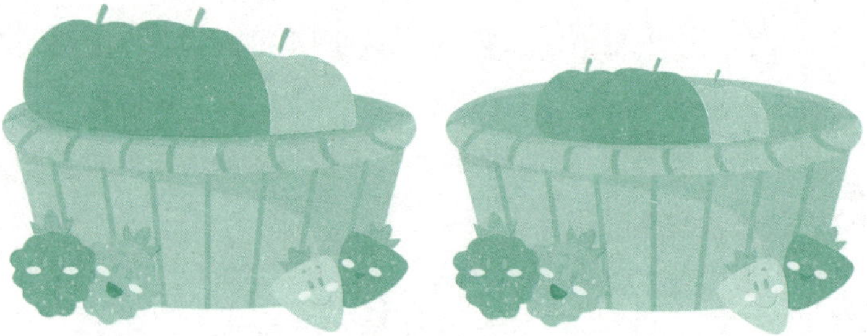

[A21] 甲家为6千克橘子，乙家为3千克橘子

在帮丙必须打扫的3天中，甲多打扫2天，即2/3，所以应分得橘子的2/3，分得 $9\times2/3=6$ 千克橘子；乙多打扫1天，即1/3，应分得橘子的1/3，分得 $9\times1/3=3$ 千克橘子。

[A22] 每人得到了120元救济款

假设上周每个人所得到的救济款为 x 元，而人数为 y 人。所以救济款的总数为 xy 元，这是不变的。根据题目人数减少5则每人所得的救济款就增加2，则总数为：

$xy=(y-5)(x+2)$ ……………………①

同样的道理

$xy=(y+4)(x-1)$ ……………………②

简化方程得到 $y=3x+2$ ……………………③

将③代入①或者②可以解得 $x=6$，$y=20$，则救济款为120元。

算珠谜题

Q24 仔细观察以下算珠图①，这些算珠有什么变化规律呢？根据这一规律，选出图②的最后一张。

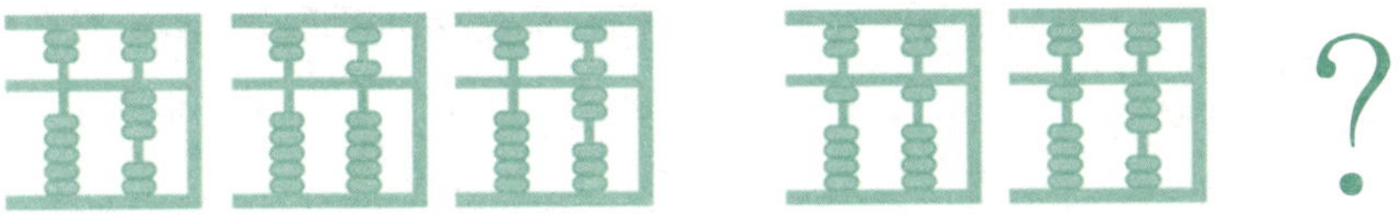

①　　　　②

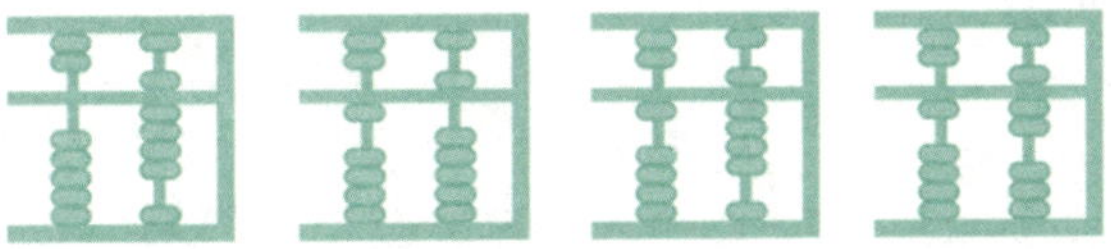

A　B　C　D

半个柠檬

Q25 多多把柠檬总数的一半加半个放在屋子的东面，把剩下的一半加半个的1/2 放在屋子的西面，另一个被藏在冰箱上面，不过柠檬的总数少于 9 个。请问多多一共有多少个柠檬？注意：柠檬不能切成半个。

[A23] 琼斯夫人损失了 21 便士，她们每个人有 210 个苹果

可以很容易地求出，如果每个苹果分别卖 1/3 便士和 1/2 便士的话，平均就是两个苹果 5/6 便士，或者说一个苹果 5/12 便士。而实际上苹果是以每五个苹果 2 便士，也就是一个苹果 2/5 便士的价格售出的，所以每个苹果损失了 5/12 － 2/5 ＝ 1/60 便士。

我们已经知道损失了 7 便士，因此用 7 除以 1/60 得到苹果的数目是 420 个，两位太太分别有 210 个。琼斯夫人的苹果应该卖得 105 便士，但是因为她得到的钱数是以五个苹果 2 便士卖掉全部苹果的收入的一半（即 84 便士），她损失了 21 便士。而史密斯夫人的苹果应该卖得 70 便士，但她实际上得到了 84 便士，多出的 14 个便士和少卖得的 7 便士刚好是琼斯太太损失的数目。

面积问题

Q26 农夫赛克斯向艾克抱怨，他要支付 80 美元现金以及若干小麦作为租赁一块农田一年的地租。他说，如果小麦的价格为每升 75 美分的话，这笔开销相当于每亩 7 美元，但是现在小麦的市价已经涨到了每升 1 美元，所以他所支付的租金相当于每亩 8 美元。他认为地租太多了。请问，赛克斯所租赁的农田面积是多大？

选举问题

Q27 在一次选举活动中，四个人作为候选人，有效选票为 5 219 票。当选者以分别超出 22、30 和 73 票的成绩击败其他三位对手，但是无人能算得出他们各自获得的具体票数。你能算出他们每个人具体的得票数吗？

[A24] B

第一组图形中算盘表达的数字分别是奇数 3、5、7。第二组图形中第一、二个图形表达的数字是奇数 11、13，因此，第三个图形中表达的数字应是 15。

[A25] 7 个

单数的一半再加上半个，正好是整数，可取 3、5、7。但 3、5 不符合条件，所以可以推断出柠檬的总数一共有 7 个，其中 4 个被藏在屋子的东面，2 个被藏在屋子的西面。

钓鱼

Q28 这里有一条本季钓上来的最大的鱼，据钓鱼男孩说：“秤是 9 磅，把鱼放在秤上称的话是 3 磅。现在，把鱼从秤上拿下来，去掉鱼鳞，我们发现鱼鳞的重量等于无鳞鱼重量的 1/5。已知无鳞鱼重量等于秤此时重量的 1/4，那么，如果钓鱼人举起的重量相当于他体重的 1/10，他的体重应该是多少？”暂时别去理会鱼，你知道钓鱼的男孩有多重吗？

符合条件的自然数

Q29 某 S 为自然数，被 10 除余数是 9，被 9 除余数是 8，被 8 除余数是 7，现在知道 100<S<1 000。那么，你知道这样的数有几个吗？

[A26] 农田面积为 20 亩

设亩数为 x，所支付的小麦升数为 y，则根据题意可列出以下方程组：

$(3/4\times y+80)/x=7$…………①

$(y+80)/x=8$　　…………②

解此方程组得出 $x=20$。

[A27] 选票数分别为 1 336、1 314、1 306 和 1 263

把获胜的人分别超出其他人的票数相加后再加上总票数，再除以候选者的人数，所得的商就是获胜者的得票数。其他候选人的票数可以在此基础上用减法得出。或者我们可以设得票最多者所获得的票数为 x，则其他人的得票数分别为 $x-22$，$x-30$，$x-73$，把这四个人的票数加起来等于总票数 5 219，解方程得出最多者得票数。

兔子的重量

Q30 4只大兔子和3只小兔子总共重18.5千克，3只大兔子和4只小兔子总共重16.5千克，那么大兔子和小兔子的重量各为多少？

提示：仔细看看，我们发现，上面的比下面的多一只大兔子，少一只小兔子，重量相差2千克。

穿越大森林

Q31 一个人要穿越一片森林，但被向导告知，要穿越这片森林，即使当地的脚夫也需要6天的时间，并且每个人只能携带供一个人使用4天的给养。那么，这个人能有办法穿越这片森林吗？他需要雇佣几个脚夫？

[A28] 钓鱼的男孩重125磅

解答这道题最大的秘密就在于，题目中说“秤是9磅”，仔细想想这并不是说秤的重量是9磅，而是说这个秤可以称量任何不到9磅的东西！现在就容易多了，由于鱼重3磅，鱼鳞是无鳞鱼重量的1/5，也就是说，鱼鳞和无鳞鱼的重量之比是1 ∶ 5，那么鱼鳞重0.5磅，无鳞鱼重2.5磅。无鳞鱼的重量是秤此时总重量的1/4，那么秤此时的总重量就是10磅，那么钓鱼人举起的东西就是秤加上鱼一共12.5磅（鱼鳞已经被去掉了），而这相当于他体重的1/10，所以他的体重应该是125磅。

[A29] 有两个，分别是359、719

被N除余数是N－1，所以这个数字就是几个N的公倍数－1。10、9、8的最小公倍数为360，因为100<S<1 000，所以S＝359，719。

剧院座位

Q32 一个剧院有25排座位，后一排比前一排多2个座位，最后一排有70个座位。这个剧院一共有多少个座位？

老师与学生

Q33 一次师生座谈会，老师看学生，人数一样多，学生看老师，老师的人数是学生的3倍，问老师和学生各有多少人？

提示：这个题目与故事“骑驴找驴”道理是一样的，学生与老师在看对方的时候，都把自己给忽略了。

[A30] 大兔子重3.5千克，小兔子重1.5千克

由提示可知：小兔子和大兔子的重量相差2千克。我们再把上面的所有大兔子换成小兔子，上面就有7只小兔子，重量就比之前的18.5千克减少了8千克，那么，就得出了7只小兔子的重量是18.5 − 8 = 10.5千克。小兔子重1.5千克，大兔子重3.5千克。

[A31] 有办法，要雇佣3个脚夫

他和每个脚夫各自带足4天的给养，然后，让一个脚夫在第一天后返回，留下两天的给养交给另外两个脚夫。3人接着往前走，第二天后，每个脚夫还剩下3天的干粮和水，他们每人交给考察者1天的给养，然后，带着两天的给养返回，这时候，他还有4天的给养，这样他就可以一个人穿越大森林了。

寻找完全数

Q34 如果整数 a 能被 b 整除，那么 b 就叫作 a 的一个因数。例如，1、2、3、4、6 都是 12 的因数。有一种数，它恰好等于除去它本身以外的一切因数的和，这种数叫作完全数。你能在 20 至 30 之间找出第二个完全数吗？

提示：例如，6 就是最小的一个完全数，因为除 6 以外，6 的因数是 1、2、3，而 6 = 1 + 2 + 3。

汉诺塔谜题

Q35 这是著名的汉诺塔谜题：

有三根柱子，第一根柱子上依次套着 64 个金盘，从下往上按照从大到小的顺序排列。现在需要把所有的盘子都移到第三根柱子上，每次只能移动一个金盘，并且移动时不可以把大盘扣在小盘上。所有三根柱子都可以用。有人预言说，当金盘全部转移到第三根柱子后，世界末日也就到了。为什么这么说呢？

[A32] 一共有 1 150 个座位

最后一排有 70 个座位，则前面 24 排每一排少两个，第一排有 70 － 24×2 = 22，构成一个等差数列，公差为 2，首项为 22，S25 = 25×22 + （25×24×2）÷2 = 1 150 个。

[A33] 3 个老师，2 个学生

设：老师 = x，学生 = y

老师看学生，人数一样多（在看的老师不包括在内）即可以列为方程：$x - 1 = y$；

学生看老师，老师的人数是学生的 3 倍（在看的学生不包括在内）即可列为方程：

$3\times(y-1)=x$；所以：解得 $y=2$，$x=3$。

装水

Q36 苏菲亚是一个旅行爱好者，要进行一次沙漠旅行，她首先要做的是把现有的水分配好。现在有 1 只大桶装着 12 升水，要分出一半留给她用。不过她只有 9 升和 5 升的两只空桶，请问：苏菲亚要怎样操作才能将水分出来呢？

魔术师的新招

Q37 魔术师最近发明了一个新招：他让一位观众拿 1 枚 2 分的硬币和 1 枚 5 分的硬币，任意分开放在左右手里（不要让魔术师看到）。然后魔术师说，让他把右手中的硬币币值乘 3，左手硬币的币值乘 2，把两个乘积加起来的和告诉魔术师。如果得到的和是偶数，那么右手拿的就是 2 分的硬币；如果是奇数，那么左手拿的就是 2 分的硬币。你猜魔术师为什么这么肯定？

[A34] 第二个完全数是 28

因为除 28 以外的 28 的因数是 1、2、4、7、14，而 28 = 1 + 2 + 4 + 7 + 14。

[A35]

按照谜题的规则，得花上 $2^{64}-1$ 步才能移完金盘，就算每秒移动一次（而且没有失误），这项任务也得花费 5.82×10^{11} 年（一年 31 536 000 秒）才能完成！到那个时候，估计距世界末日确实也不远了。

慢了的老挂钟

Q38 墙上的挂钟有年头了。可是由于主人喜欢，还没有被废弃。这口挂钟每小时慢 4 分钟，4 个半小时之前，主人刚给这口挂钟对过时。现在电视里显示的标准时间是 10 点钟。

请问：这口挂钟要走多少分钟才能到达 10 点？

填数字

Q39 用 2、3、6、7、9 完成下面的表格，使得每行、每列和对角线上的数字相加都等于 27。

		9		
2			7	
	6			3

[A36]

先从大桶中倒出 5 升水，再将 5 升水倒入 9 升的桶中；再用 5 升的桶从大桶里装出 5 升水，接着把其中 4 升装入 9 升桶中将 9 升的桶灌满，这样 5 升桶中仅剩 1 升水。再将 9 升水倒回大桶里，大桶里还有 11 升水，将 5 升桶里的 1 升水倒进 9 升桶中，再从大桶里倒出 5 升水到 5 升桶中，再将其装入 9 升桶里，大桶和 9 升桶里就都各有 6 升水了。

[A37]

魔术师是根据奇偶规律来判断的。假设 5 分（奇数）在右手，2 分（偶数）在左手，奇数乘 3 仍是奇数，偶数乘 2 仍是偶数，奇偶两数之和是奇数。

假设 2 分（偶数）的硬币在右手，5 分（奇数）的硬币在左手，偶数乘 3 仍是偶数，奇数乘 2 也是偶数，两个偶数之和当然是偶数。

交换问题

Q40 如果 2 千克油可换 5 千克肉，7 千克肉可换 12 千克鱼，10 千克鱼可换 21 千克豆，那么 27 千克豆可换多少斤油？

模拟考试

Q41 一个有 32 名学生的班级进行模拟考试，在第一次考试中有 26 人及格，在第二次考试中有 24 人及格。如果两次考试中都不及格的共有 4 人。那么，你知道两次考试都及格的人数是多少吗？

[A38] 19 分钟

挂钟在 4 个半小时内一共慢 18 分钟。在 10 点的时候，挂钟显示的是 9 点 42 分，离 10 点还差 18 分钟，而在 18 分钟内它还会慢 1 分钟。所以要走 19 分钟，挂钟的时针才会指向 10 点。

[A39]

6	2	9	3	7
3	7	6	2	9
2	9	3	7	6
7	6	2	9	3
9	3	7	6	2

三个碗的骗局

Q42 盖尔是个赌徒。有一次，赌场的庄家对他说："我们来玩个新游戏吧。这里有三个碗，只有一个碗的底下有骰子。如果你说对了，让你的钱变多一倍。"

玩了一阵之后，盖尔断定，他最多只能三次里赢一次。庄家又对他说："不要走，盖尔先生，我让你破例玩这个游戏。你随便选一只碗，我再翻开一个空碗，这样，骰子肯定在另外两个碗中的一个里，这时你赢的机会就增加了。"

但可怜的盖尔很快就输光了。他没有认识到翻开一个空碗根本不影响他赢的概率，你知道这是怎么回事吗？

换汽水

Q43 1 元钱一瓶汽水，喝完后两个空瓶换一瓶汽水。如果你有 20 元钱，最多可以喝到几瓶汽水？

[A40] 3 千克

10 千克鱼可换 21 千克豆，1 千克豆可换 10/21 千克鱼；7 千克肉可换 12 千克鱼，1 千克鱼可换 7/12 千克肉；2 千克油可换 5 千克肉，1 千克肉可换 2/5 千克油。那么 27 千克豆可换油的千克数：就是 $10/21 \times 7/12 \times 2/5 \times 27 = 3$ 千克，即 27 千克豆可换 3 千克油。

[A41] 两次考试都及格的人数是 22

由题意知第一次不及格的有 6 人，第二次不及格的有 8 人，又已知两次都不及格的人有 4 人，则两次考试刚好及格一次的人数为 $6+8-4=10$（人），则两次都及格的人数为 $32-(6+8-4)=22$（人）。

9 枚硬币

Q44 桌上放有 9 枚硬币，双方轮流从中取走 1 枚、3 枚或 4 枚硬币。谁取走最后一枚硬币谁就赢了。

请问：应该怎样才能取胜？

看哪个妹妹

Q45 杰克有两个妹妹，一个在南城住，一个在北城住。他每天都会去看其中的一个妹妹。至于看哪一个妹妹，就取决于他去地铁站时，开往哪个方向的车来得更早。向南的列车和向北的列车都是 10 分钟来一列。

有一天晚上，南城的妹妹说：“哥哥你真好，你 10 天来看了我 9 次。”

又一天晚上，北城的妹妹十分生气：“哥，你怎么回事？10 天才来看我一次！”

这是怎么回事呢？

提示：尽管所有的列车都隔 10 分钟到站，可是运行时刻表编得使北去的列车比南去的列车总是晚到 1 分钟。

[A42]

在盖尔选出了一个空碗之后，至少有一个剩余的碗肯定是空的。由于操纵者知道他把骰子放在哪一个碗下面，他就总能翻开一个空碗。因此，他这样做对于盖尔修改他挑到正确碗的概率没有增添任何有用的信息。如果允许盖尔取出要翻的碗，并要求翻开的是空的，那么他赢的概率就会从 1/3 变到 1/2。

[A43] 最多 40 瓶

20 元钱可以买 20 瓶汽水，喝完汽水就有 20 个空瓶子；20 个空瓶子换 10 瓶汽水，喝完 10 瓶汽水后换 5 瓶；5 个空瓶中拿 4 瓶换 2 瓶，然后就有了 3 个空瓶子；再用其中 2 个空瓶换 1 瓶，最后只有 2 个空瓶子的时候，换取最后 1 瓶。还剩 1 个空瓶子，把这 1 个空瓶换 1 瓶汽水，这样还欠商家 1 个空瓶子，等喝完换来的那瓶汽水再把瓶子还给人家即可。所以，最多可以喝的汽水数为：$20+10+5+2+1+1+1=40$。

妈妈的话

Q46 妈妈告诉乐乐，如果把 1 毫米厚的纸连续对折 30 次后，其厚度就会远远超过珠穆朗玛峰的高度。大家都知道，珠穆朗玛峰的高度约为 8848 米。

想一想，妈妈的话可信吗？为什么？

蚂蚁调兵

Q47 一只蚂蚁发现了一条死虫子，立刻回窝唤来 10 个伙伴，还是搬不动虫子。这些蚂蚁全部回窝又各招来 10 个伙伴，还是没有搬动。蚂蚁们又全部回家各自又搬来 10 个兵，还是没有搬动。蚂蚁们坚定不移，又各自回去搬兵，每只招来 10 个，终于把虫子拉回了家。

请问：一共出动了多少蚂蚁？

[A44] 谁后开局谁赢

谁的面前剩 2 个的时候，谁就输了。因为不能全部取走，只能拿一个剩一个。为了保留给对方留 2 个的权利，要在拿完之后，给对方剩 7 个。因为面对 7 个，无论怎么拿，对方都可以给你留 2 个或者全部拿走。如果你拿 1，则对方拿 4，留 2；如果你拿 3 或者 4，则他全部拿光。所以不能为对方留下 7，当拿 3 或 4 时，对方可以拿 3 或 3 为你留 2。当你拿 1 个时，对方也拿 1 个为你留 7。所以先拿必败，后发才能制胜。

[A45]

为了赶上北去的列车，哥哥必须在 1 分钟间隔内的某时到达。要赶南去的列车，哥哥只需在 9 分钟间隔内的某时到达。显然，向北去的概率只有 1/10，往南去的概率则是 9/10。

放方糖

Q48 你能不能把 10 块方糖放入 3 个空杯，使得每个杯子中方糖的数目都是奇数？

爱的算式

Q49 有两个小伙子爱着同一个姑娘，姑娘说：“既然你俩都喜欢我，那么，就把你们的爱的算式表达出来，谁的爱多，我就接受谁。”

第一个小伙子说：“与他相比，我百倍地爱你。”

另一个小伙子说：“与他相比，我千倍地爱你。”

听了这话后，姑娘很生气，说：“这就是说，其实你们都不爱我。”两个小伙子听完后，茫然不知所措。

你知道姑娘为什么这么说吗？

提示：用数学公式表达。

[A46] 可信

一张纸连续对折，它的层数按下面的规律递增：2、4、8、16、32、64……对折 30 次的层数是 2^{30}，大约是 10 737.4 米，超过了珠穆朗玛峰的高度。

[A47] 14 641 只

第一次：1 + 10 = 11（只）
第二次：11 + 11 × 10 = 121（只）
第三次：121 + 121 × 10 = 1 331（只）
第四次：1 331 + 1 331 × 10 = 14 641（只）

哪个数字与众不同

Q50

7　63　56　21

28　14　11　49　35

什么时候戒烟成功

Q51 鲍勃终于意识到吸烟的危害了，于是他决定抽完口袋里剩下的 27 支烟后，马上戒烟。每次抽烟，鲍勃都会习惯性地只抽 2/3，他还习惯性地把上次抽剩下的烟蒂卷成新的烟卷，下次抽。如果鲍勃每天只抽一次烟，那么在他最终戒掉这个坏习惯前，要过多少天呢？

[A48] 不能

两个奇数相加一定是偶数，而一个偶数与另一个奇数相加一定是奇数，10 是偶数，所以不能。

[A49]

用数学方式表达：$x = 100y$，$y = 1\,000x$。最终得出 $x = y = 0$。所以姑娘认为两个小伙子都不爱自己。

藏在盒子里的玉壶

Q52 黑猫警长接到密报，在城郊一幢破烂的房子里有遗失的 10 只古董玉壶。黑猫警长满怀信心地走进那幢房子，但出现在他面前的是满满一墙从 1 到 10 000 编上数字的骨灰盒。很明显，这 10 000 个骨灰盒里藏有 10 只玉壶，该从何处下手呢？

黑猫警长用职业的眼光一眼就看出来在门后面写着一个式子，*** + 396 = 824。看来这是犯罪分子怕自己忘记留下的证据，当他打开 428 号骨灰盒时，出现了一只玉壶和一个线索。线索说，玉壶都在四百多号的骨灰盒里。黑猫警长很快就找到了这 10 只玉壶。

你知道黑猫警长的秘诀吗？请把另外 9 个藏有玉壶的骨灰盒找到。

[A50] 11

其他的数都可以被 7 整除，唯独 11 不可以。

[A51] 40 天

每根烟只抽 2/3，所以每次抽烟他都会留下 1/3 长的烟蒂。也就是说，他每抽 3 支烟后可以将剩下的烟蒂重新卷成一支烟。开始时，鲍勃手中有 27 支烟，于是将产生 27 支烟蒂，用这些烟蒂可以新造出 9 支烟。这 9 支新的烟又会产生 9 支烟蒂。用这些烟蒂，鲍勃又可以新造出 3 支烟。最后，这 3 支烟又可以产生 3 支烟蒂，最终他又可以卷出 1 支烟。所以鲍勃总共抽的烟是 27 + 9 + 3 + 1 = 40 支。因为他每天只抽一次烟，所以，当鲍勃要戒掉这个坏习惯时，总共需要 40 天。

半价

Q53 有一位老婆婆到一家新开张的布店里买两匹布，她精心挑了两匹布后问要多少钱。店铺的伙计说：“老婆婆真是好眼光，今天是本店的开张吉日，只收半价。”老婆婆一听就说：“既然是半价，那我买你两匹布，再把一匹布折合成一半的价钱还给你。这样咱们就两清了。”

请问：伙计能否答应这种方式的交易呢？

多少个孩子

Q54 某国颁布一条新的法律：所有母亲生第一胎的孩子，1/3 是男孩，1/3 是女孩，另外的 1/3 是双胞胎。如果有 1/3 的母亲生了双胞胎的话，那这些母亲就不允许再生育了。其余 2/3 的母亲生第二胎的概率也是一样的，但是生了双胞胎的母亲就不允许再生育了……依次类推，不管家庭成员的数目有多大，但所有的孩子的性别永远都是 1:1:1。假设这条法律维持 500 年，而所有母亲的寿命都足够长，也足够健康，一直生孩子，直到生出双胞胎孩子而被禁止。

请问：在这 500 年中，每位母亲平均生多少个孩子呢？

[A52]

黑猫警长注意到，和的十位上的数字与第一个加数的十位上的数字相同，这就要求个位上的数字相加一定要向十位进 1，1 与第二个加数 396 十位上的 9 相加得整数 10 向百位进 1，所以和的百位上的数字一定是 8，而它的十位上的数字从 0 到 9 都符合条件，因此，藏有玉壶的另外 9 个骨灰盒是：408，418，438，448，458，468，478，488 和 498。

买铅笔

Q55 班长王华代全班同学一共买了 50 支铅笔：15 支普通铅笔，每支 0.24 元；7 支彩色铅笔，每支 0.28 元；12 支两用铅笔和 16 支自动铅笔。收银员打了一张 9.10 元的小票给他。两用铅笔和自动铅笔的价格班长已经记不清楚了，但他却马上发现小票上的价格弄错了。

于是，收银员重新核对了一下，发现的确是打错了。

请问：王华是怎么发现的？

会议室里的人

Q56 在一个会议室里，有几把 3 条腿的凳子和 4 条腿的椅子，并且它们都有人坐。如果你数出房间里 39 条腿，那么有几把凳子、几把椅子和几个人？

[A53] 不能答应

假设两匹布值 20 元钱，一匹布就值 10 元，如果是半价，那两匹布就只值 10 元钱，一匹布也就值 5 元钱。5 元钱是不能抵消两匹布的半价的 10 元钱的。

[A54] 3 个孩子

因为孩子性别比例永远都是 1:1:1，因此，在法律颁布以后，每个母亲必然仍拥有 1 对双胞胎，而为了保持三种孩子性别之间的比例保持不变，男孩和女孩的平均数也必须是 1 才行。因此，每个母亲平均拥有的小孩数目是 3。

门牌号码

Q57 晶晶家住的武汉大街上，只有一侧建有房屋。每户人家的门牌号码都是按1号、2号……这样编排下去的，其中没有跳号，也没有重号。除了晶晶家外，其余每家的门牌号码数加起来正好等于10 000。

请问：晶晶家的门牌是几号？武汉大街共有多少个门牌号码？

怎样分汽车

Q58 一个老富翁拥有11辆古董汽车，每辆值5 000美元。这个老富翁死时，留下了一个奇怪的遗嘱：他的11辆古董汽车分给他的3个儿子。把其中的一半分给长子，1/4分给次子，1/6分给小儿子。大家都感到迷惑不解。11辆汽车怎么能分成相等的两份？或分成4份？6份？这该怎么分呢？

[A55]

两用铅笔和自动铅笔的数目，普通铅笔和彩色铅笔的价格，都是4的倍数。因此，全部铅笔的合计金额也应该是4的倍数。但9.10元这个数字不能被4整除，这说明合计金额中有误。

[A56] 3把凳子、4把椅子和7个人

每把有人坐的凳子，有5条腿：3条凳子的腿和2条人腿。而每把有人坐的椅子有6条腿。所以，5 × 凳子数 + 6 × 椅子数 = 39。由此，可以解出答案。

过桥

Q59 在一个漆黑的夜晚，4 个人走到一座独木桥边。如果没有手电筒照明，大家是不敢过桥的，但是，这 4 个人一共只有一支手电筒，而桥最多只够两个人同时通过。如果独自过桥的话，4 个人所需要的时间分别是 3、4、6、9 分钟。而如果两人同时过桥，所需要的时间就是走得比较慢的那个人单独行走时所需要的时间。

请设计一个方案，让 4 个人以最短的时间过桥。

移糖果

Q60 24 粒糖果分成三堆：第一堆 11 粒，第二堆 7 粒，第三堆 6 粒。移动每堆的糖果，使每一堆都为 8 粒。要求只能移动三次，而且向某一堆添加的数目要等于这一堆原有的数目。

[A57] 晶晶家住在 11 号，武汉大街上共有 141 个门牌

因为 1 + 2 + 3 + 4 +…+ 138 + 139 + 140 = 70×141 = 9 870（共 70 对，每对之和是 141）。又 9 870 + 141 = 10 011，除了晶晶家外，其余的门牌号码加起来正好等于 10 000。所以，10 011 - 10 000 = 11，因此晶晶家的门牌是 11，武汉大街上共有 140 + 1 = 141 个门牌。

[A58]

其实想解决这个问题有一个很简单的方法：就是假设这里有 12 辆汽车。其中的一半分给长子，也就是 6 辆。老二得 12 辆的 1/4，即 3 辆。小儿子得到 12 辆的 1/6，即 2 辆。6 加 3 加 2 正好是 11 辆。还余下 1 辆正好是我们假设的。

跳绳比赛

Q61 A、B、C、D四个小组进行了一次跳绳比赛。比赛的结果是：当A、B两组为一方，C、D两组为另一方时，双方势均力敌，不相上下。但当A组与C组对调后，A、D一方就轻而易举地战胜了B、C一方。然而，当B组和A组、C组单独较量的时候，结果都胜了。

问：这四个组中，哪组实力最强？请把它们实力的强弱按顺序排下来。

赌场老板赚钱揭秘

Q62 赌场老板因为设置了一个"碰运气"的游戏，赚了一大笔钱。游戏的规则是这样的：在一个笼子里装着3个骰子，翻转摇晃笼子使骰子滚动。玩的人可以赌从1到6任何一个数，只要一个骰子出现他说的数时，他就能得到他赌的钱数。

赌徒往往这样想：如果这个笼子里只有一个骰子，我赌的数就只能在6次中出现1次。如果有两个骰子，则6次中就会出现2次。有3个骰子时，6次中就会有3次赢，这是对等的赌博，很好的机会。

正是由于赌徒这样想，赌场操纵者才狠狠地赚了一笔。你能说出其中的奥秘吗？

[A59]

假设四个人分别是甲、乙、丙、丁。甲、乙一起过桥用4分钟；乙留在桥那边，甲返回用3分钟；丙、丁一起过桥用9分钟；留在桥那边的乙返回用4分钟。甲、乙一起过桥用4分钟，一共是4＋3＋9＋4＋4＝24分钟。

[A60]

第一步：从第一堆的11粒中移7粒到第二堆，于是三堆分别为：4粒、14粒、6粒。第二步：从第二堆的14粒中移6粒到第三堆，于是三堆分别为：4粒、8粒、12粒。第三步：从第三堆的12粒中移4粒到第一堆，于是三堆分别为：8粒、8粒、8粒。

鸽子的雌雄概率

Q63 有两只鸽子，一只白鸽子，一只黑鸽子。现在想判断一下它的雄雌。假设问："有一只鸽子是雄的吗？"那么，两只都是雄的概率是 1/3。

如果改变一下问法，判断它们是雄是雌的概率就会不同：

假设问："白鸽子是雄的吗？"那么，两只都是雄的概率就变成了 1/2。

怎样解释这一现象呢？

很怪的巧合

Q64 一辆汽车已坐进 30 个小伙子，他们很快就要上路去宿营地了。而另一辆汽车坐着 30 个姑娘。她们也要去同一地点。在出发前，有 10 个小伙子趁司机不备偷偷地从他们的汽车中出来，溜进了姑娘们的汽车。姑娘们的司机发觉乘客太多了，于是说："好了，请大家不要胡闹！这辆汽车坐 30 个人，所以你们最好下去 10 个人，快点！"

结果下去了不知性别的 10 个人，并上了小伙子们的汽车，坐上了空座。一会儿，这两辆汽车各载着 30 个露营者上路了。

结果，人们发现这两辆汽车上异性乘客的比例都一样，为什么呢？

[A61] D组实力最强，B组第二，A组第三，C组最弱

因为 $A+B=C+D$，$C+B<A+D$，$A<B$，$C<B$；可得：$A+B-C=D$，$B+C-A<D$；所以，$C<A$，$B<D$。

[A62]

看似公平，其实赌徒常常忽略一个现象：在每摇一次笼子之后，操纵者就可从三个输家手中赢三块钱（假定每次赌一块钱），付给三个赢家。可是，常常会有两个或三个骰子上显出同样的数，这时赢家只得到一块钱。如果有两个骰子是同一个数，那么他收进四块钱，付出三块线，赚回一块钱。如果有三个骰子是同样的数，则他就收进五块钱，付出三块钱，赚回两块钱。正是这些双重数和三重数使赌场老板赚了大钱。

秋游

Q65 某学校组织了一次秋游，连带队和所有的任课老师及学生在内一共 100 人。中午进行野餐，带队老师在带来的 100 份快餐中自己留下 1 份，然后按老师每人 2 份、学生 2 人 1 份分下去，正好合适。你能算出这次秋游去了多少老师多少学生吗？

不工作的理由

Q66 萨姆是个懒汉，因为他一点儿也不愿意工作，如果你问他为什么，他会告诉你一个故事。萨姆曾经也有过一份工作，雇主给他的条件也还可以，一个月 30 天，每天工资 20 美元，但是如果旷工要扣 25 美元。萨姆当然没有每天都去工作，所以到了月底，他一分钱都没有拿到，也没有因为扣工资使萨姆欠雇主的钱。从这以后，萨姆就笃信工作真是一件蠢事，反正干了也没有钱。

萨姆一个月中到底工作了几天，又旷工了几天？

[A63]

当这个人问是否有一只鸽子是雄鸽子的时候，有三种可能的情况要考虑到。其中只有一种是两只都是雄的，所以这种情况的概率是 1/3。
可是，在这个人问白鸽子是否是雄鸽子的时候，就只有两种情况要考虑了。其中一种是两只都是雄的，所以这种情况的概率是 1/2。

[A64]

其实道理很简单，假定姑娘们的车上有 4 个小伙子，小伙子的车上必定有 4 个姑娘，因为车上的座位数是相等的。其他数目，道理一样。

薪金高低

Q67 甲和乙两家公司都要招聘员工，他们的招聘广告只有以下两点不同，其他的条件相同。如果仅从薪金的高低来考虑，选择哪一家公司更好？为什么？

甲公司：年薪 10 万元，每年加薪一次，每次加 2 万元

乙公司：半年薪 5 万元，每半年加薪一次，每次加 0.5 万元

多余的士兵

Q68 大街上迎面走来一队不超过 35 人的军队， 4 人一排，有一个士兵没有排进队伍里。指挥员把军队排成 2 人一排或 3 人一排的队伍，却依然有一个人不能排进去。这时候，有人大喊一句：“排成 5 人吧。”结果，刚好排满。

请问：这支军队一共有多少人？

[A65] 连带队老师在内一共去了 34 位老师和 66 个学生

除去带队老师和他的一份，余下老师一人分 2 份，学生 2 人分 1 份，我们可以将 1 个老师和 2 个学生分成一组，每组 3 人刚好分 3 份。所以共有 $99 \div 3 = 33$ 组，每组都有 1 个老师，2 个学生，所以小组共有 33 个老师，66 个学生。加上带队老师，老师共 34 位。

[A66] 萨姆工作了 16 又 2/3 天，旷工 13 又 1/3 天

设萨姆一个月中工作了 x 天，那么旷工 $(30 - x)$ 天。根据题意，$20x = 25(30 - x)$，解得 $x = 16$ 又 2/3 天。

找规律

Q69 如下表所示，你知道表格中的问号处应填入什么数字吗？

A	B	C	D	E
6	2	0	4	6
7	2	1	6	8
5	4	2	3	7
8	2	?	7	?

有几只猫

Q70 传说猫有 9 条命，一只猫妈妈已经度过了她 9 条命中的 7 条。她的孩子中，一些已经度过了 6 条，另一些则度过了 4 条。

现在，猫妈妈和她的小猫们总共还剩下 25 条命。那么，一共有几只小猫？

[A67] 选择乙公司更合适

我们先来算一下年收入：
第一年：甲公司 10 万元；乙公司 5 万元 + 5.5 万元 = 10.5 万元
第二年：甲公司 12 万元；乙公司 6 万元 + 6.5 万元 = 12.5 万元
通过比较，还是乙公司的收入更高些。

[A68] 25 人

军队总人数分别除以 2、3、4 以后，都有一个余数。符合这一条件的最小数字，一定比 2、3、4 的最小公倍数大 1。2、3、4 的最小公倍数为 12，任何一个比 12 的整数倍大 1 的数，被 2、3、4 整除以后，都有余数 1。而当军队以 5 人一排行进时没有余数了，可见，总人数还必须恰好能被 5 整除。我们可从下列数列中寻找能被 5 整除的数：13、25、37、49、61、73、85……由于知道军队人数在 30 人左右，所以可以断定确切的人数是 25 人。

[A69] C 列问号处是 1，E 列问号处是 9

数字的组合规律为：B + D = E，E − A = C。

数字金字塔游戏

Q71 数字金字塔共有 6 层，最底层有 6 个数字，这 6 个数字靠近的两个相加得到上一层的 5 个数字，同样这 5 个数字靠近的两个相加得到再上一层的 4 个数字。

现在这个金字塔有些数字已经看不到了，你能根据已有的数字推算其他数字吗？

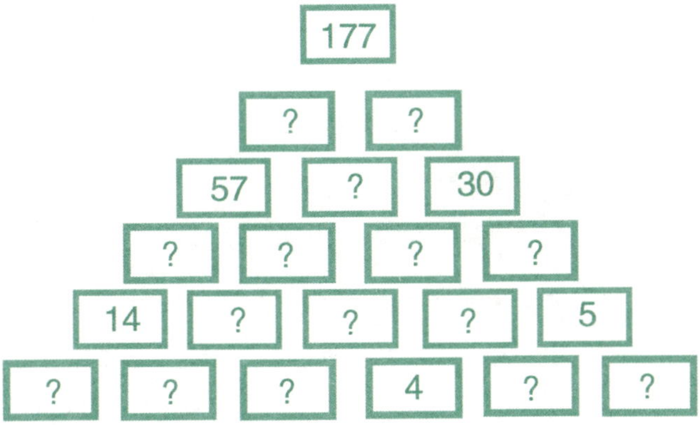

[A70] 7 只小猫或 5 只小猫

因为猫妈妈还剩下 2 条命，小猫们一定要分配剩下的 23 条。一种情况是 7 只小猫，其中 1 只小猫还剩 5 条命，6 只还剩 3 条命；另一种情况是 5 只小猫，其中 1 只还剩 3 条命，4 只还剩 5 条命。

[A71]

设第二层（从上到下）左边问号为 x，那么右边第二层问号就是 $177-x$。第三层问号与 57 相加为第二层左边问号，与 30 相加为第二层右边问号，由此可得方程 $x-57=(177-x)-30$，解得 $x=102$，所以第二层左边问号为 102，右边第二层问号为 75，第三层问号为 45。然后下面几层按照同样的解题方式，设其中一个数为 x，然后利用“两个相加得到再上一层”数字的关系，用 x 表示其他数字，再列一元一次方程，逐层解出。

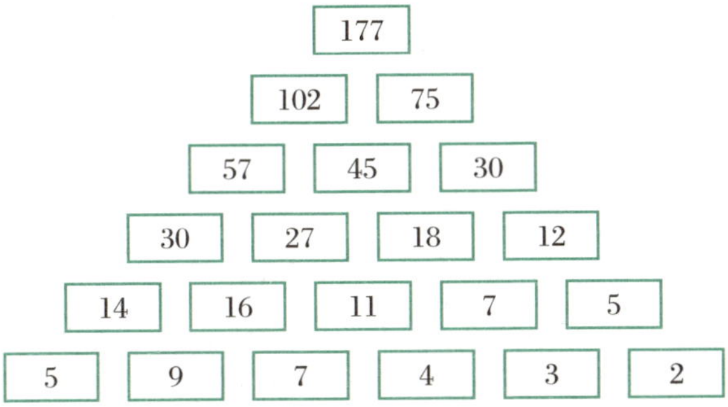

缝隙有多大

Q72 假定地球是一个极大的标准圆球，现在有一根长绳子，它比地球的赤道周长还要长 10 米。若用此绳子将地球等距离（在赤道上）围住，那么在地面与绳子之间还有一道小小的缝隙。请问这个缝隙够不够一头猪（高 70cm）不用碰到绳子就能走过去（不许跨过去）？

有多少对白鼠

Q73 某人在一个非常大的笼子里养了一雄一雌两只白鼠。如果每个月每对白鼠能且只能生出一对一雄一雌的小白鼠，并且一对白鼠存活一个月后就有生育能力了，那么在一年后，笼子里总共有多少对白鼠？假设一年内白鼠都能存活下来。

[A72] 一头猪可以走过去

设地球的半径为 R，绳子与地球的间隙为 h，则有：$2\pi(R+h)-2\pi R=10$，即 $h=5/\pi$。所以，这条绳子产生的间隙约有 1.6 米高，足可以让一头猪走过去。

[A73] 会有 609 对白鼠

刚开始，笼子里只有一对白鼠，也就是最初的白鼠。一个月后，笼子里依旧只有一对白鼠。第二个月，这对白鼠生下第一对后代，于是第二个月末，笼子里总共有两对白鼠——最初的一对白鼠和它们的第一对后代。

一年后笼子里有多少对白鼠：

刚开始	1 对	1 个月	1 对	2 个月	2 对
3 个月	3 对	4 个月	5 对	5 个月	8 对
6 个月	13 对	7 个月	21 对	……	

笼子里白鼠的对数都等于它前面两个月对数之和。推到最后到第 12 个月，就成了 $1+1+2+3+5+8+13+21+34+55+89+144+233=609$ 对。

Part 3
超权威思维能力测试

钱包悖论

Q1 杰克逊教授和两个学生一起去吃午饭。教授说："我来告诉你们一个新游戏，把你们的钱包放在桌子上，我来数里面的钱，钱包里钱最少的那个人可以赢掉另一个人钱包里的所有钱。"

学生甲想："嗯……如果我的钱比乙的多，他就会赢掉我的钱，可是，如果他的多，我就会赢多于我的钱，所以我赢的要比输的多，因此这个游戏对我有利。"

学生乙想："如果我的钱比甲多，他就会赢掉我的钱。可是，如果他的钱比我的多，我就可以赢，而我赢的比输的多，所以游戏对我有利。"

一个游戏怎么会对双方都有利呢？这是不可能的，可这又怎么解释呢？

分蔬菜

Q2 有三筐蔬菜，第一筐装的全是土豆，第二筐装的全是萝卜，第三筐是萝卜与土豆混在一起。但筐上的标签都是不对的。那么，你能拿出一筐中的蔬菜，就能正确写出三筐蔬菜的标签吗？

旅客顺序

Q3 在同一侧的房号为 1、2、3、4 的四间房里，分别住着来自韩国、法国、英国和德国的四位专家。有一位记者前来采访他们。

①韩国人说：我的房号大于德国人，但我不会说外语，也无法和邻居交流。

②法国人说：我会说德语，但我却无法和我的邻居交流。

③英国人说：我会说韩语，但我只可以和一个邻居交流。

④德国人说：我会说我们这四个国家的语言。

那么，按照房号从小到大依次排列四位专家的国籍，以下四项，哪一个是正确的？

A 英国、德国、韩国、法国　　B 法国、英国、德国、韩国

C 德国、英国、法国、韩国　　D 德国、英国、韩国、法国

令人发疯的盒子

Q4 请问，盒子的制作者是说真话者，还是说假话者呢？如果你能给出答案，你就可以得到这个盒子。来试试吧！

[A1]

如果我们做出一个明确的假定来准确地限定条件，它就是一个公正的比赛。当然，如果我们已经得知比赛中的一个人总爱带较少的钱，那么我们就知道这个比赛是不公平的。如果无法得到这类消息，我们就可以假定每一个比赛者带有从 0 到任意数量（比如说一百元）的钱。如果我们按此假定构成一个两人钱数的列表，我们就可看出这个比赛是“对称的”，不会偏向任何一个比赛者。可惜，这里不可能告诉我们上面两个比赛者的想法错在哪里。至今也没有找到一种方法能够以比较简单的方式澄清这个问题。

[A2] 从标着“混合”标签的筐里拿蔬菜，就可以知道另外两筐装的是什么蔬菜了

如果拿出的是土豆，标着“萝卜”标签装的是混合蔬菜，标着“土豆”标签装的是萝卜。如果拿出的是萝卜，标着“土豆”标签装的是混合蔬菜，标着“萝卜”标签装的是土豆。

盒子里的宝贝

Q5 一位智者和他的女儿正在玩悖论游戏，智者对女儿说：“你面前的这一排盒子（共 10 个），分别编号为 1 号至 10 号，你转过身去，我把一个宝贝放在其中的一个盒子里。依次打开盒子，我保证，你将在某个盒子里意外地发现宝贝。”

他的女儿想了想，显然父亲不能把宝贝藏进 10 号盒子里，因为在打开前 9 个盒子以后就会确知宝贝的位置，推演和反推依然成立。所以她说道：“爸爸，按照这样的推理，你根本无法把宝贝放在盒子里。”

而智者却坚持说一定会让女儿感到意外。请问：这是为什么呢？

谁爱我

Q6 “阳春或白雪是爱我的。”那么，如果阳春爱我的话，也就是说白雪不爱我了。这个推断正确吗？

[A3] C

由①可知韩国人在德国人后边，由②可知法国人跟德国人不挨着，由③可知英国人跟韩国人不挨着。由④可知德国人可以跟四个邻居交流。用排除法，只有 C 满足条件。

[A4] 这是一个逻辑悖论

如果盒子的制作者是说真话的人，那么盒子上的这句话就应该是真话，那盒子的制作者就是说假话者。如果盒子的制作者是说假话者，但是这么一来，盒子上的话就是假的，那盒子的制作者就是说真话者。

曹植智解

Q7 一年秋天，曹操率曹植和几位属下一起去打猎，有五个人同时看到了一只漂亮的梅花鹿，便一起射箭，那只鹿被射中了。但是，当众人上去检查时，却发现只有一支箭射中了梅花鹿的喉咙，而其他四支箭是落空的。那到底是谁射中了鹿呢？最先看那支带有姓名的箭的曹操自然是知道的，但他没有说话，其他人都纷纷揣测。

A 说：是 C 射中的。

B 说：是 E 射中的。

C 说：是我射中的。

D 说：C 和我都没有射中。

E 说：是 C 和 D 中的一个人射中的。

曹操说：“你们有三个人猜对了，其中一个人是 E。”听了曹操的话，曹植立刻就说出了是谁射中了梅花鹿。

你知道是谁吗？

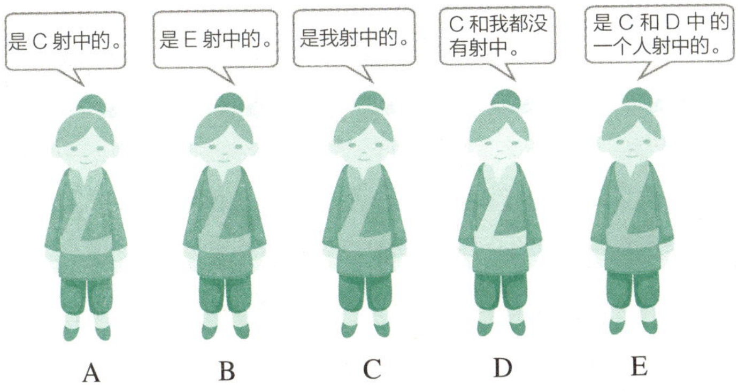

[A5]

按照智者女儿的推理，她坚信这个宝贝无法放在某个盒子里。然而无论她如何推测，当她的父亲把宝贝放在任意一个盒子里时，她依然会感到很意外。

[A6] 不正确

在逻辑学里，提到“A 或 B”的时候并不单纯指“A 或 B 的某一方”，有时也意味着 A 和 B 两方。如果还不太明白，看看下面的推论也许你就清楚了。A 或 B 的某一方可以指 A 和 B 两方，两者都是 A 或 B。
所以题中的推断不太准确，因为也有可能两个人都爱你哦。

喜欢与不喜欢

Q8 在向阳中学，针对语文、数学、英语、历史四科做调查，其结果如下：

①喜欢数学的学生不喜欢语文。

②不喜欢英语的学生喜欢语文。

③喜欢英语的学生不喜欢历史。

根据这样的结果，请问下面哪个叙述是正确的？

A 喜欢语文的学生喜欢历史。

B 喜欢数学的学生喜欢历史。

C 喜欢语文的学生不喜欢英语。

D 喜欢历史的学生不喜欢数学。

自食其果的仙人

Q9 住在力比多仙岛上的仙人多利是整个岛上最有能耐的人，他的法术无人能比，因此他很骄傲，看不起岛上的其他仙人。有一天，他当着所有仙人的面用轻蔑的语气说了一句话："力比多仙岛的人从来不说一句真话，这真是可耻。"结果自此之后他再也不敢自高自大了。

请问：多利为什么会突然有这种转变呢？

[A7] 是C射中的

曹植是这么想的：既然父亲说E的说法是对的，那么就可以先假设是D射中的，如果是这样，那么A、B、C、D说的就都是错误的，但是这个就和父亲所说的"有三个人猜对了"的条件相违背。那结果只能是C射中了。这样一来A、C、E说的都是对的。

新课本

Q10 如果“全班同学都有新课本”这个命题是假的，那真的命题是什么呢？

①全班同学都没有新课本。

②有的同学没有新课本。

③有新课本的便是同学。

④有的同学有新课本。

好人和坏人

Q11 一条船上有 15 个坏人（B）和 15 个无助的好人（G）。由于人多船小，旅程充满了危险，于是大家决定把坏人抛入大海，以免小船沉没。一只动物被派去执行这个任务。然而，它无法区分出谁是坏人，谁又是好人，但它知道把大家围成一圈，把数到第九位的人抛入大海。

如果你是好人，你该怎样排座位，才能确保被抛的人是坏人呢？

[A8] D

以下语句是一个意思：

①喜欢数学的学生不喜欢语文 = 不喜欢数学的学生喜欢语文

②不喜欢英语的学生喜欢语文 = 喜欢英语的不喜欢语文

③喜欢英语的学生不喜欢历史 = 不喜欢英语的喜欢历史

只有 D 符合上述意思，即喜欢历史 = 不喜欢英语 = 喜欢语文 = 不喜欢数学。

[A9] 多利的话是自相矛盾的

如果我们假定说谎者总是说假话，不说谎的人总是说真话，那么多利的那句话就会出现逻辑矛盾。即“力比多仙岛的人从来不说一句真话”这句话不可能是真话，因为多利自己就是力比多仙岛的人，那么他说的就不会是真话。可是这又意味着力比多仙岛的人是说真话的，按照这个逻辑去推，多利说的话自然就是真话，因此多利说的那句话也不可能是假话了。

巧识门牌号

Q12 一天，费城大饭店里来了三对客人：一对父子、一对母女，还有一对夫妇。他们各自开了三个标准间，门口分别挂上带有◎◎、□□、○□标记的牌子，以免走错了房间。

但是，负责整理房间的服务员不小心把牌子放错了位置，这导致原来房间里的人和牌子全都对不上号了。

问题倒是不难解决，只要服务员敲其中一个房间的门，听到里面回答的声音，就能弄清楚三对客人的房间所对应的门牌号。那么，他该敲哪一个房间呢？

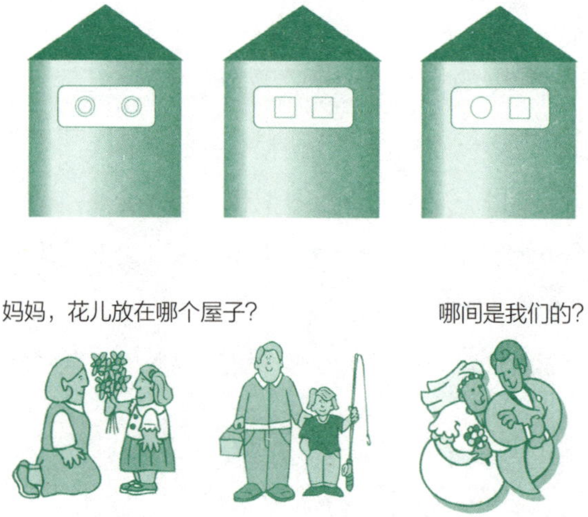

[A10] ②

这是个有关“否定”的基本问题。否定的时候，“全部”跟“有的”互换，“有”跟“没有”互换。“全班同学都有新课本”这句话，它的否定就是：“有的同学没有新课本”。

[A11]

如图所示，动物从圆圈上部的好人 G 开始数数，数到第九的人就是坏人 B，于是 B 被抛入大海。之后，数到九的又是一个 B，同样，他也被抛入大海。如此安排座位就可以保证被抛入大海的都是坏人，而所有的好人都能安然无恙。

理发师悖论

Q13 著名的理发师悖论是伯特兰·罗素提出的。悖论的题目是这样的：一个理发师在招牌上写着："城里所有不自己刮胡子的男人都由我给他们刮胡子，我也只给这些人刮胡子。"

请问：谁给这位理发师刮胡子呢？

新领导

Q14 小陈的单位换了新的领导，大家都很好奇。有好事者就调查了很多信息回来报告，结果 5 个人说出了 5 种不同的调查信息：

甲说：新来的领导是个女的，姓秦，55 岁，四川人。

乙说：新来的领导是个男的，姓齐，50 岁，重庆人。

丙说：新来的领导是个女的，姓戚，55 岁，四川人。

丁说：新来的领导是个男的，姓陈，55 岁，湖南人。

戊说：新来的领导是个男的，姓陈，60 岁，重庆人。

丁秘书刚好听到这些描述，觉得很有意思，他对大家说："你们五个人，没有一个人是全对的，每个人都只说对了其中的一项，而且还有两个人共同说准了一项。"

你能替小陈他们猜猜新领导到底是什么样的吗？

[A12] 敲○□这个房间

如果声音是◎◎房间的客人，那么标注着□□的就是○□，标注着◎◎的就是□□。如果声音是□□房间的客人，那么标注着◎◎的就是○□，标注着□□的就是◎◎。

糊涂岛上的孩子

Q15 糊涂岛上有两个糊涂的孩子，因为没有日历，日子总是过得糊里糊涂的，常常弄不清楚时间。在上学的路上，他们想把这个问题弄清楚。其中一个孩子说："当后天变成昨天的时候，那么'今天'距离星期天的日子，将和当前变成明天时的那个'今天'距离星期天的日子相同。"

根据这个糊涂孩子说的糊涂话，你能猜出今天是星期几吗？

金币在哪里

Q16 下面的三个盒子中有一个盒子里藏有几枚金币，但是每个盒子外都写有一句话。

如果其中只有一句话为真，你知道金币在哪个盒子里吗？

[A13]

如果理发师自己刮胡子，那他就属于自己刮胡子的那类人。但是，他的招牌说明他不给这类人刮胡子，因此他不能自己来刮。所以，找不到人给理发师刮胡子。

[A14] 新来的领导姓齐，女性，60 岁，湖南人

每个人都只说对了一项，有两个人说对同一项，综合起来五个人共说对了四项。那新领导肯定是女的而不是男的，因为如果是男的，就会有三个人说对同一项。既然是女的，那么甲、丙的其余说法就是错误的，即新领导不姓秦也不姓戚，也不是 55 岁，也不是四川人。剩下的每个人都只说对了一项，不可能再有两个人说对同一项了，所以新领导不姓陈，也不是重庆人。至此，丁和戊的四个选项中都只留下唯一正确的选项，所以新领导是 60 岁，湖南人。然后再看乙的说法，既然 60 岁是正确的，那么 50 岁就是错误的，剩下最后一项姓齐就是正确选项。

主人和猫

Q17 50个人，每人拥有一只猫。在这50只猫中，有病猫（这种病不会传染）存在。人们要找出病猫。每个人都可以观察其他的49只猫是否生病，但不能看自己的猫是否有病，只能依据后面提到的方式来判断自己的猫是否有病。这个方法就是：每个人观察后得到的结果不能相互交流，不能通知病猫的主人。主人一旦推算出自己的猫有病，就会枪毙自己的猫，而且每个人只有权利枪毙自己的猫，没有权利枪毙别人的猫。

第一天和第二天都没有枪响，第三天传来一阵枪声，请问你能猜出共有几只病猫吗？

宇宙飞船里的稀客

Q18 有一天，在一片广阔的地面上降落了一艘子弹头式的宇宙飞船。随后，从里面下来5个穿着奇异服装的稀客，有两个人是火星人，其余的是水星人。

面对新闻媒体的热烈采访，5个人的发言如下。其中的4个人说了真话，有1个人撒谎。

阿波罗说：泰勒和比尔两者之中只有一个是火星人。

泰勒说：比尔和费卢之中有一个是水星人。

比尔说：阿波罗和费卢之中有一个人是水星人。费卢和阿波罗来自不同星球。

费卢说：比尔和莱布之间至少有一个人是火星人。

莱布说：阿波罗和泰勒之中有一个人是火星人。

请问：他们之中哪几个是火星人，哪几个是水星人？

[A15]

今天就是星期天。他们真是够糊涂的，竟然在星期天早晨去上学！

[A16] 金币在B盒

让我们来简单分析一下，假设A说的话是真的，根据“只有一句话是真”的条件，那B和C就是假话。既然是假话，那么B的反话就可认为是真话，即金币在B盒，但这和假话矛盾，所以不成立。假设C说的话是真的，金币不在A盒，那A和B说的都是假话，A和B的反话为真，即A承认金币不在自己那里，B盒则承认金币在自己那里。命题成立，因此判断金币在B盒。

赴宴会

Q19 有三对新婚夫妇住在同一个院子里。这天，他们都收到了请帖要到西城区去赴宴会，但门外只停着一辆能容纳两个人坐的小汽车，而且没有司机。每个丈夫都嫉妒心强，随时都要保护他美丽的新娘，不让自己的新娘和别的男子在一起。

假设每个人都会开车，那么这三对夫妇该如何去赴宴会？最少要往返多少次？

[A17] 有 3 只病猫

先假设只有 1 只病猫，如果病猫的主人看到其他猫都没有生病，那么就会知道自己的猫是有病的。按照这个推论推断，第一天晚上就应该有枪响。而实际上我们没有听到枪响，所以说明病猫数要大于 1。
那么，假设有 2 只病猫，除了自己的猫以外，其中一个病猫的主人会从别人那里看到有 1 只病猫，因为第一天没有听到枪响，推断病猫数要大于 1，所以病猫的主人就可以推断出自己的猫有病，这样一来，第二天就应该会有枪响。但是，第二天仍没有枪响，这说明病猫数还要大于 2。
按照同样的过程进行推理，我们就能很容易知道，如果第三天枪响，那肯定是有 3 只病猫。

[A18] 泰勒、费卢是火星人，阿波罗、比尔、莱布是水星人

假设阿波罗撒谎，从泰勒和比尔的发言来看，比尔和阿波罗是同一星球的，进一步从莱布的发言来看，比尔和泰勒是不同星球的，结果阿波罗的发言反而不是谎言，与前面的假设相矛盾。所以，阿波罗的发言是真实的。
假设撒谎的是泰勒或是比尔或是莱布都是一样，他们的发言都是真实的。所以，泰勒撒了谎，从而可知，比尔和莱布都是水星人。
因此可推断，泰勒、费卢是火星人，阿波罗、比尔、莱布是水星人。

谁在前面，谁在后面

Q20 甲、乙、丙、丁、戊和己6个人正在洋洋超市排队交款。己没有排在最后，而且他和最后一个人之间还有两个人；戊不是最后一个人；在甲的前面至少还有4个人，但他没有排在最后；丁没有排在第一位，他前后至少都有两个人；丙没有排在最前面，也没有排在最后。

请问，他们6个人的顺序是怎么排的？

谁在撒谎

Q21 有5个小学生，在接受学校的小记者团采访时说了下面这些话，你来判断一下，他们中有几个人撒了谎？

小艾说：我上课从来不打瞌睡。

小美说：小艾撒谎了。

小静说：我考试时从来不作弊。

小惠说：小静在撒谎。

小叶说：小静和小惠都在撒谎。

[A19] 至少需要往返9次

假设三对新婚夫妇分别为A1和A2、B1和B2、C1和C2，1表示丈夫，2表示妻子，赴宴方法如下表。

顺序	院子	小汽车	西城区
1.A夫妇到西城区	B、C夫妇	A夫妇	
2.A1返回	B、C夫妇	A1	A2
3.B1和A1到西城区	C夫妇和B2	B1和A1	A2
4.B1返回	C夫妇和B2	B1	A夫妇
5.B夫妇到西城区	C夫妇	B夫妇	A夫妇
6.B1返回	C夫妇	B1	A夫妇和B2
7.C1和B1到西城区	C2	C1和B1	A夫妇和B2
8.C1返回	C2	C1	A、B夫妇
9.C夫妇到西城区		C夫妇	A、B夫妇
			A、B、C夫妇

如何分类

Q22 “符合自身”的词里所有的词都与自身相符合。例如“字”这个词就是字；“中文”是用中文写的；而“English”是用英文写的；“三个字”的字数正好是三个字。

而“不符合自身”的词就是完全不符合自身的意思。例如，“纸”是字，而不是纸；“韩文”是用中文写的；而“Japan”是用英文写的；“五个字”却只有三个字，这些都与自身不符。

现在有这样一个词，即“不符合自身的词”，请问它应该归在哪一类呢？

符合自身	不符合自身
字	纸
中文	韩文
English	Japan
三个字	五个字

狂欢晚会

Q23 在狂欢晚会上，所有人都只有两种选择：要么说真话，要么说假话。星对娜说：“刚才有个女的对我说‘她是说假话的人。’”那么，星属于哪类人呢？

[A20] 他们的顺序依次是：戊、丙、己、丁、甲、乙

己和最后一个人之间还有两个人，所以己排第三。共六个人，甲前面至少还有四个人，所以甲排第五。最后一位不是戊，不是丙，不是丁，只能是乙。丁前后至少都有两个人，所以只能排第四。丙不是最前面，只能是第二。剩下的只有戊，排第一位。

[A21] 5 人中有 3 人在撒谎

假如小艾说的话是真话，那么小美说的话就是假话，相反，如果小艾说的话是假话，那么小美说的话就是真话。据此推测，小艾和小美之间必定有 1 人在撒谎。依此类推，5 人中应该有 3 人在撒谎。

四个兄弟一半说真话

Q24 劳斯生有四个儿子，三个哥哥都生性顽劣，只有最小的弟弟善良淳朴。不过二哥也还算善良，也会说真话。下面是他们关于年龄的对话。

劳拉：劳莎比劳特年龄小。

劳莎：我比劳拉小。

劳特：劳莎不是三哥。

劳茵：我是长兄。

你能判断他们的年龄顺序吗？

谁是体操全能冠军

Q25 去年夏天，兄弟三个人分别参加了三项体育竞赛，即体操、撑竿跳和马拉松。已知的情况是：老大没去参加马拉松比赛；老三没有参加体操比赛；马拉松冠军并非老三。

你能判断出谁是体操全能冠军吗？

[A22] 无法归类

题目本身就是一个典型的悖论题。我们举个例子，如果你把“不符合自身的词”放在“不符合自身”这一类里，那它与此类的标题“不符合自身”正好相符，这样它就成了“符合自身的词”应该放在第一类中。但是如果放在第一类中，那么“不符合自身的词”这个词与第一类标题的意思又不相符，不能符合此类的标准，所以也不应该放在第一类。

[A23] 星是说假话的人

因为晚会上的任何一个人都不会说：“我是说假话的。”这句话本身就是一个悖论。

运动员推理

Q26 甲、乙、丙、丁、戊五个人只有两种身份，要么是足球队员，要么是篮球队员。虽然他们知道自己的职业，但是别人却并不了解，在一次聚会活动中，他们就自己的职业出了一个谜题：

甲对乙说：你是足球队员。

乙对丙说：你和丁都是足球队员。

丙对丁说：你和乙都是篮球队员。

丁对戊说：你和乙都是足球队员。

戊对甲说：你和丙都不是足球队员。

如果规定对同队的人（即足球对足球，篮球对篮球）说真话，对异队的人说假话，那么，足球队员是哪几个？

[A24] 劳拉是长兄，劳莎是二哥，劳茵三哥，劳特是小弟

说真话的二哥和小弟弟不可能说“我是长兄”，所以，劳茵的话是假的，那么可知，劳茵不是长兄，而是三哥。那么，劳莎就不是三哥了，劳特的话就是真的，劳特就是二哥或者小弟。
假设劳拉说的是真话，劳特和劳拉就是二哥和小弟（顺序暂时未知），劳莎就是长兄了，则劳拉又在撒谎，这是相互矛盾的。所以，劳拉是长兄。
从劳拉的话中可知（假话），劳莎是二哥，劳特是小弟。

[A25] 老大是体操全能冠军

由于马拉松冠军并非老三，那就可能是老大或老二，而老大没有参加马拉松比赛，所以老二是马拉松冠军。老大参加了体操或撑竿跳，由于老三没有参加体操比赛项目，所以老大参加体操赛，在体操比赛中获得全能冠军。

谁是足球运动员

Q27 王明或刘轩是足球运动员。“如果王明是足球运动员，那么刘轩就不是足球运动员了”这个结论正确吗？

围巾的颜色

Q28 在一次生日派对上，大家准备了三条蓝围巾和两条白围巾。在前面扮演小丑的大毛、二毛、三毛排成一列。大毛后面站着二毛，二毛后面站着三毛。

他们三个人脖子上各围着一条围巾，剩下的围巾被藏了起来。他们可以看到前面的人围巾的颜色，但看不到自己的。

“三毛，你的围巾是什么颜色？”

“不知道。”

“二毛呢？”

“我也不知道。”

这时候，谁的围巾都看不到的大毛却说：“啊！我知道了。”

请问：大毛的围巾是什么颜色？

[A26] 甲、乙、丁是足球队员

首先，我们分析甲对乙说的这句话。二者的可能身份有以下四种情况：

1. 甲是篮球队员，乙是足球队员；　2. 甲、乙都是篮球队员；

3. 甲是足球队员，乙是篮球队员；　4. 甲、乙都是足球队员。

题目规定对同队队员必须说真话，而对异队队员要说假话，那么1、2两种情况都不可能。所以，甲是足球队员。

其次，分析戊对甲说的话。戊说：你和丙都不是足球队员。已知甲是足球队员，因此，戊说的是假话。所以，戊是篮球队员。然后再分析丁对戊说的话。丁说：你和乙都是足球队员。已知戊是篮球队员，而丁说的是假话。所以，丁是足球队员。

从丙对丁说的话中，可以分析出丙说的是假话。因此丙和丁是异队，所以，丙是篮球队员。

最后，从乙对丙说的话中，可以分析出乙说的是假话。乙同丙是异队，乙是足球队员。

黄白蓝

Q29 小白、小黄和小蓝一起出去玩儿，每个人都带了一个小皮包装东西。这时，提白色皮包的人发现他们三个人有个很有趣的现象，那就是他们三个人的皮包也分别是白色、黄色和蓝色，但是皮包的颜色却和主人的姓不一样。

小黄低头看了看，点头说道："是啊，的确如此。"

你能猜到他们每个人的皮包分别是什么颜色的吗？

雇佣谁

Q30 工地上要招聘水泥工和砌砖工共 5 名，其中水泥工最少要两位。现在来了 9 名应聘者，A、B、C 是水泥工，a、b、c、d、e、f 是砌砖工。

① d 和 f 关系不好，所以不能同时雇佣这两个人。

② b 和 c 是好朋友，他们两人必须在一起工作。

③ C 对 a 有意见，他不愿意和 a 一起工作。

问：如果只能在 A 和 B 中雇佣一个人，那么在 6 个砌砖工中谁必须被雇佣呢？

[A27]

不正确。在逻辑学里，提到"A 或 B"的时候并不单纯指"A 或 B 的某一方"，有时也意味着 A 和 B 两方。所以题中的推断不太准确，因为也有可能两个人都是足球运动员。

[A28] 蓝色

假设大毛和二毛的围巾都是白色的，而会场上只有两条白围巾，那么三毛应该立刻回答自己的围巾是蓝色的。

所以，大毛和二毛围的围巾有两种可能：①一条白色和一条蓝色；②两条都是蓝色。

二毛看得到大毛的围巾，如果大毛围的是白色的话，便符合①的状况，那么二毛应该可以答出自己的围巾是蓝色的才对。他之所以答不出来的原因，相信你也已经猜到了吧，那就是因为大毛的围巾是蓝色的。

四个小画家

Q31 方方、莉莉、美美、洋洋4个人非常想当画家，她们每个人临摹了一幅名画（分别是“蒙娜丽莎”和“最后的晚餐”）。临摹完成后，她们分别将自己手中的画交给其中一个人，又从别人手里得到画，这样多次循环，每个人手中都有一幅画，而自己画的画在自己手中的只有一个人。

现在只知道洋洋画的是“最后的晚餐”；方方拿着的是“蒙娜丽莎”；拿着方方的画的人，既不是方方也不是洋洋；方方和莉莉临摹了同一幅画；美美和洋洋拿着同一幅临摹的画。

请问：她们各自临摹了哪幅画？

[A29] 拿白色皮包的是小蓝，拿黄色皮包的是小白，拿蓝色皮包的是小黄

根据题目条件，我们可以推断小黄的皮包不是蓝色就是白色，小白的皮包可能是蓝色或者黄色，而小蓝的皮包可能是黄色或者白色。最先发现问题的是提白色皮包的人，而小黄又回答了这个人的问题，所以小黄的皮包肯定不是白色，因此可以知道小黄的皮包是蓝色的。拿白色皮包的人我们已经知道不是小黄就是小蓝，现在知道小黄拿的是蓝色皮包，所以拿白色皮包的一定就是小蓝。小白的皮包自然就是黄色的了。

[A30] b和c是必须雇佣的

一共要招聘5个人，5人中又必须要2名水泥工，而A和B又只能留一个，所以C就必须被雇佣，根据条件③推理，C对a有意见，所以a就不能被雇佣，d和f不能同时用，那只能用b和c了。

休闲城镇

Q32 一个著名的休闲城镇里有一家餐厅、一家百货商场和一家蛋糕店。丁丁到达休闲城镇的那一天，蛋糕店正好开门营业。这个休闲城镇一星期中没有一天是餐厅、百货商场和蛋糕店全都开门营业。百货商场每星期开门营业四天，餐厅每星期开门营业五天，星期日和星期三这三家单位都关门休息。

在连续的三天中：第一天，百货商场关门休息；第二天，蛋糕店关门休息；第三天，餐厅关门休息。

在连续的三天中：第一天，蛋糕店关门休息；第二天，餐厅关门休息；第三天，百货商场关门休息。

请问：丁丁到达休闲城镇是一星期七天中的哪一天？

机器人辨证

Q33 在一个全部都是机器人的工厂中，机器人分两类，一类机器人发生故障后可以自我修理，另一类则不能。为此，工厂中专门设有一个车间，车间内有一个机器人专门负责修理这些不能自我修理的机器人。

现在的问题是：如果这个机器人出现故障，谁来修理呢？

[A31] 方方和莉莉画的是“最后的晚餐”，美美和莉莉画的“蒙娜丽莎”

4 个人中只有一个人的画回到自己那里，现在分别用 Q、X、Y、Z 代替她们，因此她们的循环形式只能是“Q（开始位置）”“X → Y”“Y → Z”“Z → X”（即使存在“X → Y”“Y → X”的情况，那么 Z 的画也会循环到她的手里）。

根据条件可知，因为方方没拿着自己的画，所以方方不是 Q。那么，假设方方是 X，根据题目可知：方方→ Y、Y → Z、Z →方方（“蒙娜丽莎”）。

根据条件可知，Y 不是洋洋，Z 也不是洋洋，所以 Q 是洋洋。洋洋在循环后拿到了自己的画“最后的晚餐”。

美美拿着“最后的晚餐”，从上面的分析可知，美美是从方方或者莉莉那里得到了画，所以方方和莉莉画的是“最后的晚餐”。所以，画“蒙娜丽莎”的 Z 是美美，Y 是莉莉。

哲学的应用

Q34 小张向小李借了 100 元钱，并信誓旦旦地保证一个月后还清。结果一个月到了，小张却不同意还小李的钱。

小张的理由是这样的：最近我们不是学习哲学了吗？根据老师所讲的哲学道理，我既不用还钱，也不会受到惩罚。老师说：一切都在不断变化，人连一次也不能踏进同一条河流，因为河流眨眼间就变了。从向你借钱到现在已经一个月了，现在的我早已不是向你借钱并对天发誓的我了。所以，你不应该向现在的我要钱，只能去向一个月前向你借钱的那个我要钱。

小李听后非常气愤，抓住小张痛打一顿。小张扬言要到法院去告小李，并向他索要医药费。

小李说了一番话把小张反驳得哑口无言，请问你知道小李说的是什么话吗？

谁是老实人

Q35 甲、乙、丙、丁、戊 5 个人当中，有两个人是从来不说谎的老实人，但是另外 3 个人是总说谎的骗子。下面是他们所说的话：

甲：乙是骗子。

乙：丙是骗子。

丙：戊是骗子。

丁：甲和乙都是骗子。

戊：甲和丁都是老实人。

根据以上的对话，请找出老实人是哪两位？

[A32] 星期一

根据已知条件得知，餐厅在星期一、星期二、星期四、星期五和星期六开门营业，在星期日和星期三关门休息，而其中连续三天的第三天关门休息，因此，这连续三天的第一天不是星期五就是星期一。因为一星期中没有一天餐厅、百货商场和蛋糕店全都开门营业，那么蛋糕店在星期四和星期五就关门休息，由于丁丁到达休闲城镇的那一天蛋糕店开门营业，所以那一天一定是星期一。

[A33] 这是一个悖论

这个机器人如果它不是自己修，那么，它就属于不给自己修理的机器人，因此，就应送到它的车间，由它自己修；如果它自己修，那么，它就不应该自己修，因为它只给不给自己修理的机器人修理。给自己修，不给自己修；不给自己修，给自己修……

野炊分工

Q36 兄弟四个人去野炊，他们一个在挑水，一个在烧水，一个在洗菜，一个在淘米。现在知道：老大不挑水也不淘米；老二不洗菜也不挑水；如果老大不洗菜，那么老四就不挑水；老三既不挑水也不淘米。

你知道他们各自在做什么吗？

[A34]

小李是这么说的："按照你的逻辑，一切事物都在变化，我也在瞬息万变，现在的我并没有打人，打人的是过去的我。因此你就去告那个过去的我，让他给你付医药费吧。"

[A35] 甲和丙

先假设乙是老实人，那么，把丙说的话颠倒过来，戊就成了老实人。接着，甲跟丁也是老实人，这样就超过只有两个人的限制了。

那假设丁是老实人的话，把甲说的话颠倒过来，乙就成了老实人。但是照丁的说法，乙应该是个骗子，这样就产生矛盾了。再假设戊是老实人试试看，加上甲和丁，老实人变成了三位，所以也行不通。看看剩下的甲和丙所说的话，就跟题目的条件相吻合。

逻辑猜糖

Q37 三个人一块儿玩逻辑猜糖的游戏，共有三颗糖，两颗奶糖，一颗水果糖。三个人一人拿一颗，根据自己手中的糖，看谁先推测出对方手里拿的是什么糖。这样的逻辑推测似乎有点儿难度，刚一开始，三个人都有点儿呆。但过了一会儿，其中一个叫小群的就猜出来了。

请问：小群是如何推测出其他两人手里拿的都是什么糖的？

小花猫搬鱼

Q38 小花猫有四个盘子，其中一个盘子里有三条鱼，另外一个盘子里有一条鱼，还有两个盘子里没有鱼。小花猫尽力克制住自己想吃的欲望，把鱼集中到一个盘子里一起吃，但是它每次只会从两个盘子里分别拿出一条鱼放到第三个盘子里。

请问：小花猫要搬运几次，才能把所有的鱼都集中到一个盘子里面去？

[A36] 老大洗菜，老二淘米，老三烧水，老四挑水

根据“老大不挑水也不淘米”“老二不洗菜也不挑水”“老三既不挑水也不淘米”可得到下表。

	挑水	烧水	洗菜	淘米
老大	×			×
老二	×		×	
老三	×			×
老四				

如此一来，如果老四不挑水那就没人挑水了，所以老四挑水。根据“如果老大不洗菜，那么老四就不挑水”，那么老大洗菜，剩下的活儿只有淘米和烧水，只有老三烧水，老二淘米。

财主和仆人

Q39 一个吝啬的财主想要克扣仆人的工钱，但一直找不到好的借口。这天，他把仆人叫到跟前说道："我给你一块钱，你去给我买头牛回来，买不回来就扣你工钱。"

"一块钱买牛？"仆人一想，这不明摆着是欺负人吗？

于是决定教训教训老财主，就说："好吧，您想要买黄牛呢还是买水牛？"

"不要黄牛，也不要水牛。"

"那就买奶牛吧。"

"也不要。"

"那要不就都买？"

"不行。"

"这样啊，知道了，那我去买牛了。"仆人收下钱，转身就准备出门了，这时财主叫住了他："你什么时候买回来？"

这时仆人回答了一句话，气得财主直瞪眼，只能看着仆人带着钱潇洒地出门了。

仆人说了一句什么话，才会让财主有这样的反应呢？

[A37] 小群推测其他两人拿的都是奶糖

他是这么推理的：根据题目，对方手里的糖或者是奶糖，或者是水果糖。如果对方拿的是水果糖，那么他立即就可以知道自己拿的是奶糖，因为水果糖只有一颗。但是其他两人并没有反应，这说明其他两人的糖肯定是奶糖。

[A38] 5 次

把盘子分别编号为甲、乙、丙、丁。

①先取出甲、乙盘中的各一条鱼放在丙盘里。

②再把甲、丙盘中的各一条鱼放到乙盘中。

③再把甲、丙盘中的各一条鱼放到丁盘中。

④把乙、丁盘中的各一条鱼放到甲盘中。

最后，把乙、丁盘中各剩下的一条鱼都放到甲盘中。

说不通的提示

Q40 一个作者写了一部巨著，书中有很多命题，他仔细检查这些命题，也没有找到错误的命题。但为了谨慎起见，他在序言里加了一个提示：“本书中至少有一个命题是错误的。”但是，这个提示却让大家觉得怎么说都说不通。

请问：这个提示为什么是说不通的呢？

一句话定生死

Q41 有个国王想处死一个囚犯，他决定让囚犯们自己选择是砍头还是绞刑。选择的方法是：囚犯可以任意说出一句话来，如果是真话，就处绞刑；如果是假话，就砍头。

这个聪明的囚犯来到国王面前问：“如果我说出了一句话，你们既不能绞死我，也不能砍我的头，怎么办？”

“如果真是那样的话，我就释放你。”国王说。

这个囚犯说了一句话，果然十分巧妙。国王听了左右为难，但又不能言而无信，只好把这位聪明的囚犯释放了。

你知道聪明的囚犯说了什么话吗？

[A39]

仆人采取了以毒攻毒的方法，他是这么回答的：“我买牛的日子和老爷您买牛的脾气差不多。不是星期天、星期一，也不是星期二，更不是星期三、星期四。星期五、星期六也不行。所以，除了这些天，剩下的那一天我就会把买好的牛带回来了。”

吝啬的财主买牛的要求是排除所有种类的牛，而聪明的仆人呢，也如法炮制，排除了一周中的任何一天，这样一来，财主自然就没什么话可说了。

模仿秀

Q42 若A则B，那么“若非B则非A（A、B的顺序颠倒过来）”就是它的逆否命题。那么“如果站在对方的立场，就会有勇气”的逆否命题是什么？

谁最后进门

Q43 A、B、C、D四个人同住一间屋子。每个人晚上回来的时间都不一样，有迟的，有早的。这天四个人早上醒来时，发现昨晚的门没关，大家都很惊讶。

A说：我回来的时候，C还没有睡。

B说：我回来的时候，D已经睡了。

C说：我进门的时候，B正准备上床休息。

D说：我一挨枕头就睡着了，什么也不知道。

那么，究竟是谁最后进的门又忘了关门呢？

[A40] 这个提示是一个悖论

如果这本书中包含一个（或多个）错误，则这个作为序言的警告是正确的。如果这本书中除了这个作为序言的命题以外没有任何错误，则这个作为序言的命题是错误的。但是如果作为序言的命题是正确的，那么本书就没有错误，作为序言的命题就是错误的。

[A41] 囚犯说的话是：“你一定砍死我”

国王听了左右为难，因为如果真的砍了他的头，那么他说的就成了真话，而说真话的应该被绞死；但是如果要绞死他的话，他说的话又成了假话了，而说假话的人是应该砍头的。

卡洛尔的难题

Q44 英国剑桥大学数学讲师曾出了下面这道题目来测验学生们的逻辑思维能力。题目是这样的：

①教室里所有有日期的信都是用粉色纸写的。

②丽萨写的信都是以“亲爱的”开头的。

③除了约翰外没有人用黑墨水写信。

④皮特没有收藏起可以看到的信。

⑤只有一页信纸的信中，都标明了日期。

⑥未作标记的信都是用黑墨水写的。

⑦用粉色纸写的信都收藏起来了。

⑧一页以上信纸的信中，没有一封是做标记的。

⑨约翰没有写一封以“亲爱的”开头的信。

根据以上信息，判断皮特是否可以看到丽萨的信？

[A42] 没有勇气的话，就不会站在对方的立场

[A43] 最后进门的是 A

只要知道彼此时间上的早晚关系，一切问题就迎刃而解了。按照他们各自的陈述，早晚问题可以这样推测：

① A 比 C 晚进门。

② B 比 D 晚进门。

③ C 比 B 晚进门。

④ D 不知道早晚。

由此，我们可以推断：

根据①和③，A 比 C 晚，比 B 晚，又比 D 晚，所以 A 最晚。

期末考试的成绩

Q45 在一次期末考试中，婷婷、亮亮、佳佳、小美分别获得了前四名。成绩公布前，她们做了一次自我估计。

婷婷说：“我不可能得到第四名。”

亮亮说：“我能得到第二名。”

佳佳说：“我比婷婷高一个名次。”

小美说：“我比佳佳高两个名次。”

成绩公布之后，她们之中只有一个人估计错了。

请问：她们各自得了第几名？

就职演说会

Q46 在总统就职演说会上，准备了很多顶黄帽子和红帽子，要用来试试亚当、比尔和艾文这三位官员的智慧。

新上任的总统说：“至少会有一顶黄帽子。”

然后，三个人都被戴上了黄帽子，他们每个人都可以看到另外两人的帽子，但就是不知道自己帽子的颜色。

想了一会儿之后，三个人突然异口同声说：“黄帽子！”

请问为什么？

[A44] 不能

由①知：标有日期的信——用粉色纸写的；由②知：丽萨写的信——以“亲爱的”开头；由③知：不是约翰写的信——不用黑墨水；由④知：收藏的信——不能看到；由⑤知：只有一页信纸的信——标明了日期；由⑥知：不用黑墨水写的信——做标记；由⑦知：用粉色纸写的信——收藏；由⑧知：做标记的信——只有一页信纸；由⑨知：约翰的信——不以“亲爱的”开头。

综上所知：丽萨写的信——不是约翰写的信——不是用黑墨水——做了标记——只有一页信纸——标明了日期——用粉色纸写的——收藏起来——皮特不能看到。所以，皮特不能看到丽萨写的信。

哪种方案最佳

Q47 一个黑帮头目怀疑两个手下欺瞒了自己一件重要的事。头目对二人单独审讯，这样他们没法串供。两个人都可以与他们的头目合作，凶残的头目只需要一只替罪羊。两个人中，如果一个人坦白了所有的事，而他的同伙没有坦白，头目就会放他走。两个人都必须独自决定，不能和同伙协商，而且每一方都知道另一方可以和头目合作。从一个坏人的角度上讲，什么是最佳策略？

教授的课程

Q48 张教授、赵教授、彭教授每人分别担任生物、物理、英语、体育、历史和数学 6 科中两科的教学工作。现在，我们知道以下信息：

①物理教师和体育教师是邻居。

②张教授在三个人中年龄最小。

③彭教授、生物教师和体育教师三个人经常一起从学校回家。

④生物教师比数学教师年龄要大些。

⑤假日里，英语教师、数学教师与张教授喜欢打排球。

你知道三位教授各担任哪两门课程的教学工作吗？

[A45] 婷婷得了第四名，亮亮得了第二名，佳佳得了第三名，小美得了第一名，只有婷婷估错了

假设婷婷估计错了，其余人都估计对了，那么名次依次是小美、亮亮、佳佳，婷婷，没有矛盾。
假设亮亮估计错了，其余人都估计对了，那么小美比佳佳高两个名次就矛盾。
假设佳佳估计错了，其余人都估计对了，那么婷婷就成了第四，矛盾。
假设小美估计错了，其余人都估计对了，那么婷婷就成了第四，矛盾。
所以只有第一种情况合理。

[A46]

三个人都是这么想的，以亚当为例。亚当先假设“自己戴的是红帽子”，然后比尔也这么想：比尔看到亚当是“红帽子”的，艾文是黄色的。艾文看到的是亚当的“红帽子”和比尔的帽子。如果比尔本身也是“红帽子”的话，又因为“最少会有一顶黄帽子”，那么，艾文应该可以马上回答出“红帽子”，然而他却沉默不语。也就是说，比尔应该会认为“自己戴的不是红帽子”。但是，比尔也保持沉默。这说明，亚当假设“自己戴的是红帽子”是错的，因此结论为“黄帽子”。

乌龟赛跑

Q49 有甲、乙、丙、丁四只乌龟，它们在本周进行了惯常的赛跑。上一次比赛没有出现“第一名是两只”的并列情况，这次也一样。而且上回的第一名不是丙乌龟。

四只乌龟所言如下，在上次比赛中名次下降的乌龟撒谎了，名次没有下降的乌龟说了实话。下面是它们的对话，根据对话，推测一下四只乌龟在上次和这次比赛中分别获得第几名。

甲：乙上次是第二名。

乙：丙这次是第二名。

丙：丁这次比上次位置上升了。

丁：乙这次名次上升了。

计算机为什么崩溃

Q50 布莱尔用他的高智能计算机设计程序时，输入了一句指令，结果他的计算机因这句指令发狂，从而导致了崩溃。

请问：令计算机崩溃的那句指令是什么呢？

➲ 答案见 128 页。

[A47]

从单个坏人的立场看，每个人的最佳结果是：自己坦白而同伙不坦白。这种情况下，他可以完全摆脱干系。

[A48] 张教授教历史和体育，赵教授教英语和生物，彭教授教数学和物理

首先张教授不是生物、数学、英语老师，彭教授不是生物、体育老师，根据以上，可判断赵教授是生物老师。

物理老师和体育老师邻居，而体育老师又与彭教授、生物老师一起回家，由此可判断，彭教授是物理老师，最后张教授是体育老师。

还有生物老师比数学老师年龄大，可知彭老师还是数学老师。

根据⑤可知，英语老师是赵教授，故最后剩下的历史老师是张教授。

综上，张教授教历史和体育，赵教授教英语和生物，彭教授教数学和物理。

瓶子里装的是什么

Q51 甲、乙、丙、丁四个瓶子分别装有白酒、啤酒、可乐、果汁，但是在装有果汁的瓶子上的标签是假的，其他瓶子上的标签是真的。你知道每个瓶子里分别装的是什么东西吗？

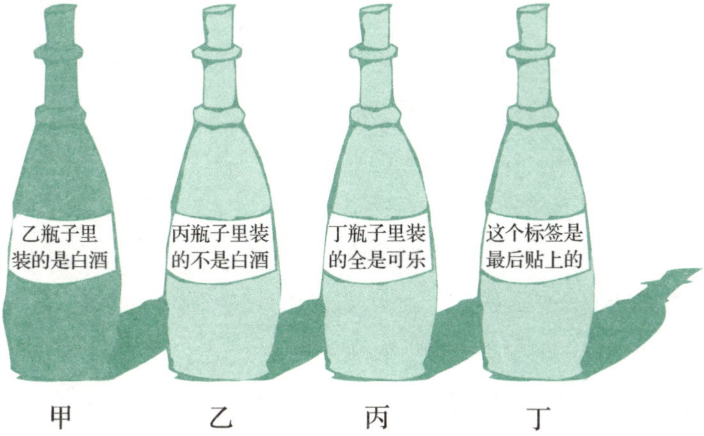

[A49]

假设丙的话是真话，那么丁的话也是真话，从而，甲的话也是真话，即乙上次是第二名。因此，上次的第一名既不是乙也不是丙，所以应该是丁或者甲。但是，无论哪个是上次的第一名，本应该都说真话的丙和丁的话至少有一个会变成假话。所以，丙的话只能是假话（名次下降，而且丁的名次没有上升）……①。

由于丙不是上次的第一名，这次的名次下降，所以这次是在第三名以下。因此，乙的话也是假话（名次下降，而且丙这次不是第二名）。

假设丁的话是假话，甲的名次没有上升，而同时甲以外的三只乌龟的名次也全部下降，这是不合理的。所以，根据①可知丁的名次没有变化，根据丁的话（真话）可知，乙这次名次上升了。

从甲的话（真话）来看，乙上回是第二名。丙上次既不是第一名也不是第二名，而是第三名，这次则是第四名，同样，名次下降的乙这次是第三名。甲这次是从上次的第四名上升了，丁上次和这次都是第一名。所以，甲这次是第二名。

具体如下表：

	上次	这次
甲	第四名	第二名
乙	第二名	第三名
丙	第三名	第四名
丁	第一名	第一名

成绩表

Q52 期末考试后，班主任统计了班上最典型的四个人的成绩。

①有甲、乙、丙、丁、戊五个等级的评分，江子、雷雷、宇春、夏雨四个人的成绩中没有被评为丁和戊的。

②有一个人三科成绩都是甲。

③有一个人某科成绩是甲，某科成绩是乙，某科成绩是丙。

④有两个人两科相同科目的成绩都是甲。

⑤语文成绩中没有乙。

⑥江子和雷雷的语文成绩相同。

⑦宇春的数学成绩和雷雷的英语成绩相同。

⑧夏雨成绩中有一科是丙。

⑨江子的英语成绩和夏雨的数学成绩相同。

根据上面所述，完成下面的表格。

	语文	数学	英语
宇春	丙		
夏雨			乙
江子		甲	
雷雷		甲	

[A50] 指令就是：你必须拒绝我现在给你编的语句，因为我编的所有语句都是错的

这是一个逻辑怪圈，既然所有的语句都是错的，那现在这句指令就不可能是正确的；如果这句指令是正确的，那就不是所有指令都是错的。计算机因为无法判断这句话的对错，所以，只能不断地重复工作直到死机。

[A51] 甲瓶子装的是可乐，乙瓶子装的是白酒，丙瓶子装的是果汁，丁瓶子装的是啤酒

首先假设甲是错误的，乙、丙、丁就是正确的，那么甲就是果汁，而乙就不是白酒，丙也不是白酒，白酒只能是丁。但丙的标签说丁是可乐，所以矛盾，此假设不成立。

然后假设乙是错误的，甲、丙、丁就是正确的，那么乙是果汁，而甲的标签说乙是白酒，矛盾，此假设不成立。

再假设丙是错误的，甲、乙、丁就是正确的，那么丙是果汁，乙是白酒。因为丙是错误的，所以丁中不是可乐，是啤酒，甲中为可乐，无矛盾，符合题目要求。

最后假设丁是错误的，甲、乙、丙就是正确的，那么丁是果汁，而丙标签说丁是可乐，矛盾，此假设不成立。

外国游客

Q53 五位外国游客分别来自罗马、新德里、费城、华盛顿和巴西利亚。请根据下面的谈话，分别确认他们各来自哪里。

甲：我曾到过北美洲，但还没有去过南美洲。下个月，我准备去罗马旅游。

乙：去年我曾在费城旅游过，下个月我也要去罗马旅游。

丙：我去年到过费城，它是我去美国的第一站。

丁：我从没有去过费城。我第一次出国旅游。下个月，我要去欧洲或者南美洲。

戊：……

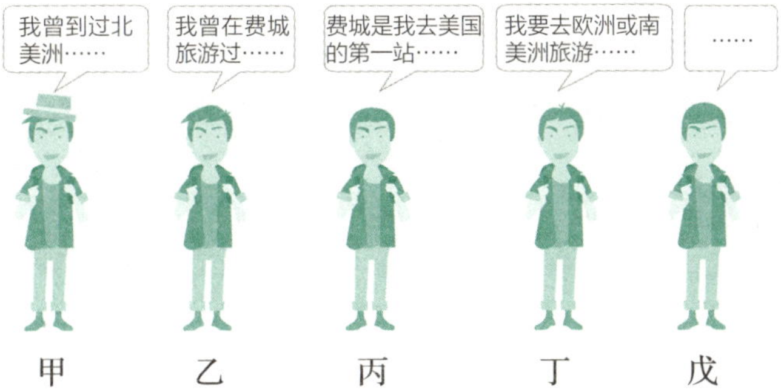

[A52]

根据②有两种情况：

第一种情况，假设雷雷三科成绩都是甲。那么根据⑥⑦，江子的语文成绩是甲，宇春的数学也是甲。根据⑤和④、⑧，夏雨的语文成绩是甲，那么其数学就是丙。根据⑨，江子的英语也是丙。根据③，宇春的数学成绩只能是甲或者丙。但根据④，无论甲还是丙都矛盾。所以此假设不成立。

第二种情况：假设江子三科都是甲，那么根据⑥和⑨，雷雷的语文、夏雨的数学也是甲，这也满足了④。那么根据⑧，夏雨的语文成绩是丙，满足了③和⑤。因为只有一个人成绩是甲乙丙，所以宇春剩下的成绩不可能为甲乙，只能是甲甲、乙乙、甲丙、乙丙这四种情况。因为宇春的数学成绩和雷雷的英语成绩相同，而雷雷英语不可能是甲，所以宇春的数学也不可能是甲，只能是乙或者丙。如果宇春数学是丙，那么英语无论是还是甲，都与④矛盾。所以宇春的数学成绩只能是乙，雷雷的英语成绩也是乙，宇春的英语成绩就是丙，否则就与④矛盾。

答案如表格所示：

	语文	数学	英语
宇春	丙	乙	丙
夏雨	丙	甲	乙
江子	甲	甲	甲
雷雷	甲	甲	乙

四只鸭子的性别

Q54 鸭妈妈孵出了四只小鸭子。鸭爸爸非常高兴，对鸭妈妈说："亲爱的，你说我们的宝宝有几只是公鸭、几只是母鸭啊？"

鸭妈妈为难地说："我也不知道呢。"

于是，鸭爸爸展开了他的一系列推论：

"四只小鸭都是公的不太可能。也不可能四只都是母的。每只鸭子是公是母的机会是一半对一半，所以很明显，亲爱的，最有可能的结果是两只公的、两只母的。"

鸭爸爸的这种推论是正确的吗？

吃西瓜比赛

Q55 某电视台要举行吃西瓜比赛，邀请五对情侣参加。决赛前一共要进行四项比赛，每项比赛要求每对情侣都要派出一人参加。

第一项参赛的人是：吴刚、孙全、赵亮、李利、王林。

第二项参赛的人是：郑成、孙全、吴刚、李利、周文。

第三项参赛的人是：赵亮、张落、吴刚、钱佳、郑成。

第四项参赛的人是：周文、吴刚、孙全、张落、王林。

刘某因故没有参加第四项比赛。

根据以上信息，说说谁和谁是情侣。

[A53] 甲来自新德里，乙来自巴西利亚，丙来自罗马，丁来自华盛顿，戊来自费城

甲去过北美洲（华盛顿、费城），但还没有去过南美洲（巴西利亚）。下个月准备去罗马，所以他来自于新德里。

丁没有去过费城。第一次出国旅游。下个月要去欧洲（罗马）或者南美洲（巴西利亚），因为甲来自于新德里，所以丁只能来自于华盛顿。

根据乙的说法，排除他是费城、罗马人，因他不是来自于新德里或华盛顿，所以他来自于巴西利亚。

丙说费城是他去美国的第一站，所以他不是费城人，只剩下罗马了。剩下的戊即使什么信息都没交代，也只有费城这一个地方了，所以他来自于费城。

喜欢看什么小说

Q56 某市的作家协会针对武侠小说、言情小说、科幻小说和历史小说的受欢迎程度做了一次社会调查，结果如下：

①喜欢言情小说的读者不喜欢武侠小说。

②不喜欢历史小说的读者喜欢武侠小说。

③喜欢历史小说的读者不喜欢科幻小说。

那么，根据上面的结果，想一想下面的哪个叙述是正确的？

A 喜欢武侠小说的读者喜欢科幻小说。

B 喜欢言情小说的读者喜欢科幻小说。

C 喜欢武侠小说的读者不喜欢历史小说。

D 喜欢科幻小说的读者不喜欢言情小说。

[A54] 鸭爸爸的推论不科学

用 B 表示公鸭，用 G 表示母鸭，这就很容易列出 16 种同等可能的情况。在 16 种情况下，只有两种是所有鸭都有同样性别，所以这种情况发生的概率是 2/16，即 1/8。鸭爸爸认为这种情况具有最低概率是对的。

现在，让我们检验一下一半一半的概率，鸭爸爸认为这是可能性最大的一种。这种情况有 6 种，所以其概率是 6/16，即 3/8。这显然比 1/8 高。鸭爸爸也许是对的。

可是，还有一种更大可能要考虑就是 3：1 分配，由于这种情况有 8 种，其概率是 8/16，即 1/2。这就比 2：2 分配高。因此，鸭爸爸的推论就不科学了。

[A55]

吴刚参赛 4 次，刘某因故没有参加，可以知道吴刚与刘某是一对情侣。孙全不能与自己的情侣一起参加比赛，跟他一起比赛过的有赵亮、李利、王林、郑成、周文、张落，只有钱佳没有跟他一起参赛过，所以二人是情侣。

同理，赵亮和周文是一对情侣。李利和张落是一对情侣。王林和郑成是一对情侣。

美丽公主的不幸遭遇

Q57 有一位美丽的公主在河边洗澡，洗完后她发现放在岸边的衣服被人偷走了。关于这件事，受害者、旁观者、目击者和救助者各有说法。她们的说法，如果是关于被害者的就是假的，如果是关于其他人的就是真的。请你根据她们的说法，判定谁是受害者。

玛丽说：瑞利不是旁观者。

瑞利说：劳尔不是目击者。

露西说：玛丽不是救助者。

劳尔说：瑞利不是目击者。

被小孩儿打败的预言家

Q58 哈桑是一个预言家，他经常在大众面前吹嘘自己的预言能力没人能比，他说自己可以通过预言来预知世界上所有的事情。

有一天，一个10岁的小孩儿对哈桑说：“我在一张纸上写了一件事，它在3点钟以前可能发生，也可能不发生。如果你认为这件事会发生，就在另一张纸上写‘是’；如果你认为它不会发生，你就写‘不’。要是你写错了，那你就得在众人面前承认自己是个骗子。”

那么，小孩儿究竟要怎么写才能赢得这次挑战呢？

[A56] D

这是使用“逆否命题”的初级问题，就像“喜欢言情小说的话就不喜欢武侠小说”，它的“逆否命题”就是“喜欢武侠小说的话就不喜欢言情小说”。假设原命题“前提→结论”（“→”表示“条件”），它的逆否命题就是“结论的否定→前提的否定”。“如果原命题成立，逆否命题也会成立”，这是逻辑中非常重要的概念。这个问题可以用下面的方式，先写出逆否命题，就能推论出正确答案。

喜欢言情小说→不喜欢武侠小说	喜欢武侠小说→不喜欢言情小说
不喜欢历史小说→喜欢武侠小说	不喜欢武侠小说→喜欢历史小说
喜欢历史小说→不喜欢科幻小说	喜欢科幻小说→不喜欢历史小说

所以：“喜欢科幻小说→不喜欢历史小说→喜欢武侠小说→不喜欢言情小说”是正确的。

纽科姆悖论

Q59 会预言的外星人欧米加决定用两个箱子来考验一下人类的智力。

箱子 A 是透明的，总是装着两千美元；箱子 B 不透明，它要么装着两百万美元，要么就是空的。你可以把两个箱子都拿走，也可以只拿走箱子 B。如果欧米加看出你要拿走两个箱子，他就会让箱子 B 空着，那你就只能得到箱子 A 中的两千美元。如果他看出你要拿走箱子 B，他就会在箱子 B 中放入两百万美元，你就会成为百万富翁。

做了很多实验后，一些人成了富翁，一些人则只拿到少数的钱，现在欧米加留下两个箱子回自己的星球了。如果你有机会来选择箱子，要怎么选择才会得到最好的结果呢？

[A57] 露西就是受害者

假设玛丽是受害者，那么露西的话虽然是对受害者说的却又是真的，所以，玛丽不可能是受害者。
假设瑞利是受害者，那么玛丽和劳尔的发言虽然是对被害者说的却又是真的，所以，瑞利不可能是受害者。
假设劳尔是受害者，那么瑞利的话是对受害者说的却又是真的，所以劳尔不可能是受害者。
综上可知，露西就是受害者。

[A58] 小孩儿只要在纸上写下“下午 3 点之前哈桑将写一个‘不’”这句话就可以了

根据这句话，如果哈桑写下的是“是”字，那么他的预言就和纸条上的内容正好相反，他的解析就是错的。如果他写下“不”字，那么他也错了，因为这样正好从反面见证了小孩儿预言的正确性。所以，无论哈桑写“是”还是写“不”都是不可能写对的。

找出三个错误

Q60

出人意料的考试

Q61 一位老师决定下周对他的学生进行一次出人意料的考试，他这样对他的学生描述这次考试："下周的某一天，我将会举行一次'出人意料的考试'。你们当中的任何一个人都不可能在考试那天之前推测出考试的日期。"

请问：这次出人意料的考试究竟会不会在下周举行呢？如果会的话，你推测应该在哪天？

[A59]

欧米加已经走了，无论你选哪个箱子都不会有太多的变化。所以，如果你只拿箱子 B，你就可能变成一个百万富翁，因为之前很多次的实验中，欧米加都让拿两个箱子的人只得到两千美元，所以箱子 B 里肯定有两百万美元。

如果你两个箱子都拿走，会有两种结果：欧米加已经做完了他的预言，并已离开。箱子不会再变了。如果是空的，它还是空的。如果它是有钱的，它还是有钱的。所以如果拿走两个箱子，就可以得到里面所有的钱。最多可以得到两百万加两千美元。

不过专家们还不知道如何解决它。这个悖论是哲学家经常争论的很多预言悖论中最新的一个，也是最棘手的。它是物理学家威廉·纽科姆发明的，称为纽科姆悖论。

亦真亦假

Q62 图中这两句话，到底谁真谁假？

①下面那句话说的是真的。
②上面那句话说的是假的。

联盟撒谎

Q63 一位著名的医生在自己的家里被杀了，当天一共有四个人去过他家。现在这四个人受到了警察的调查，但是，在被问话前，四个人已经一致商定每个人都向警方说假话。

四个人的证词分别如下：

雷奥纳多：①我是第二个去医生公寓的。②我到达他的公寓时，他已经死了。

达·芬奇：①我离开医生公寓时，他还活着。②我们四个人都不是凶手。

西蒙：①我是第三个去医生公寓的。②我离开他的公寓时，他还活着。

村上：①我到达医生公寓时，他已经死了。②凶手不是在我去他公寓之后去的。

请问：这四个人中谁杀死了医生呢？

[A60]

第三个错误到底在哪里？不用怀疑本题的正确性。你会发现在上面的算式里只有第 2 个和第 4 个是错的。所以说题目中“找出三个有错误的地方”的断言是错的，因此，这个断言就是第三个错误！

[A61]

假设考试肯定不会在下周的最后一天举行，因为如果最后一天到来时前几天还没有考，所有的学生就都知道了最后一天会考试，这就不是“出人意料”的考试了。同理类推，考试也不会在倒数第二天，或者在倒数第三天等等，因此学生们的推测结果就是老师不会在下周的某一天举行考试。但是，当下周来到，老师在周一开始进行考试时仍然让大家感觉很意外。事实上，无论在哪一天举行考试，都将出人意料。这就是问题的矛盾所在。

猜名字

Q64 老师在手上用圆珠笔写了A、B、C、D四个人中一个人的名字，他握紧手，对他们四个人说：“你们猜猜我手中写了谁的名字？”

A说：是C的名字。

B说：不是我的名字。

C说：不是我的名字。

D说：是A的名字。

四个人猜完后，老师说：“你们四个人中只有一个人猜对了，其他三个人都猜错了。”

四个人听了后，都很快猜出老师手中写的是谁的名字了。

你知道老师手中写的是谁的名字吗？

[A62]

假设第一句是真的，那么第二句就肯定是真的。但是，如果第二句是真的，那第一句就必然是假的！等等，你可能会有点儿晕。那好吧，让我们认为第一句是假的，那就是说第二句的确是假的。可是这样，就等于承认第一句必然是真的，结果我们又得从头开始了。

这道题的解析只好用标题来概括：亦真亦假。所以，标题就是答案。

[A63] 达·芬奇杀死了医生

因为四个人说的都是假话，所以根据以上信息，我们可以推出8条真实的情况，即：

雷奥纳多：①我不是第二个去医生公寓的。②我到达他的公寓时，他仍然活着。

达·芬奇：①我离开医生公寓时，他已经死了。②我们4个人中有一个是凶手。

西蒙：①我不是第三个去医生公寓的。②我离开他的公寓时，他已经死了。

村上：①我到达医生公寓时，他还活着。②凶手是在我去医生公寓之后去的。

根据以上情况，可以推断出雷奥纳多是第一个去的，村上是第二个去的，达·芬奇是第三个去的，西蒙是第四个去的。杀害医生的凶手是达·芬奇。

[A64] 是B的名字

很明显，A与C两个人之中必有一个人是对，因为他俩的判断是矛盾的。如果A正确的话，那么B也是正确的，与老师说的“只有一人猜对了”矛盾。所以A必是错误的。这样，只有C是正确的。B的判断是错的，那么他的相反判断就是正确的，即是B的名字是正确的，所以老师手上写的是B的名字。

Part 4
超权威推理能力测试

罪魁祸首

Q1 詹姆雷斯酷爱种植玫瑰，他专门盖了自动调节温度的玻璃房，让玫瑰在最好的环境里成长。盛夏的一天，詹姆雷斯生怕玫瑰被太阳烤坏了，拿出冬天储存下来的干草铺到玻璃房里，又在草上放上大量冰块，还把玻璃房的温控系统调到了 22℃。

不过，傍晚时分，酷暑随着一阵大雨一扫而光了。就在詹姆雷斯欣赏雨景的时候，他的玻璃花房突然失火了。他大惊失色，连忙赶过去。只见玻璃房里的干草已经被点燃，滚滚黑烟弥漫着整个上空。等火完全扑灭的时候，玫瑰也烧得差不多了。詹姆雷斯见状，大哭起来。老朋友亨利探长听到这个消息后，决定替詹姆雷斯把那个该死的纵火犯找出来。但经过查看现场，除了发现詹姆雷斯自己和两个赶来救火的仆人的脚印外，并没有找到任何陌生脚印。而且按道理，刚下过雨的湿地不应该没有脚印啊。

花房究竟为什么会突然起火呢？探长围着玻璃房绕了一圈。忽然，他注意到玻璃房顶部有一圈圆形的凹槽，这些凹槽围绕着房顶边缘排列，非常整齐好看。“这些是透水孔。”詹姆雷斯解释说，“是用来让房顶积水流下来的。”探长沉思了一会儿说道，“纵火犯找到了，就是这些圆形凹槽！”

詹姆雷斯无论如何也想不通，自己耗费巨资修建的玻璃房，怎么就成了害死玫瑰的凶手呢？聪明的读者，你能告诉他原因吗？

守财奴的遗嘱

Q2 已经病了一个多月的守财奴克利姆，把他的老管家叫到了床边，颤抖着手，对老管家说："里旺，我快不行了，我已经听到死神在敲门了。我这辈子积攒的钱财都被我换成了金条，就放在床下的大铁皮箱里，遗嘱也在里面。麻烦你帮我把遗嘱交给我的儿子们，让他们按照遗嘱分……"

克利姆忽然剧烈地咳嗽起来，大口大口地喘着气，三四分钟后，他不甘心地闭上了眼睛。

里旺从床下拖出蒙着厚厚灰尘的铁皮箱，打开铁皮箱后，他见到满满一箱子黄澄澄的金条，顿时有了别的打算。他找到一个布袋，把所有金条装进袋子里，然后迅速地离开了克利姆的别墅，直接来到赌场——他把所有的金条都换成了钱，然后开始狂赌。

克利姆的儿子们在家里找到了父亲留给他们的遗嘱，可是却没有找到一根金条，他们立刻报了警。可谁也没有想到，当警察找到里旺的时候，他已经把所有的金条输了个精光。

按照法律，里旺没有权利动用这份财产，所以那些被挥霍掉的金条还可以向赌场合法地要回来。但究竟有多少根金条呢？此刻的里旺满脑子都是扑克、筹码，根本记不起带去了多少根金条，而赌场也用这个作为借口拒绝偿还。无奈，克利姆的长子请来了聪明的法官里奥多德，请他帮助解决这个难题。

里奥多德拿起遗嘱，只见遗嘱是这样写的：我所有的金条，分给长子 1 根又余数的 1/7，分给次子 2 根又余数的 1/7，分给第三个儿子 3 根又余数的 1/7……依此类推，一直到不需要切割地分完。

里奥多德看完后，微笑着说："现在问题解决了，我不但能帮助你们弄清楚到底有多少根金条，连你们有几个兄弟都知道了。"克利姆的长子惊讶地睁大了眼睛，他从来没有和里奥多德说过自己其他兄弟的情况，里奥多德怎么会知道呢？而金条到底又有多少根呢？

聪明的读者，你知道金条有多少根吗？

[A1]

玻璃凹槽在盛满水的时候，就变成了一面凸透镜。太阳光通过这一排凸透镜聚焦到干草上，不着火才怪呢！看来，詹姆雷斯应该让为他设计玻璃房的设计师好好反省一下。

聪明误

Q3 德比是个流浪的画家，租住在一个贫苦的人家。他的楼下住着一个名叫桑切斯的流氓，因为不满自己楼上的空间被挤占，桑切斯非常仇恨德比。他曾在昨晚威胁过德比，说自己会把他杀掉。但第二天，德比却发现楼下的桑切斯死在了屋子里。

警察得知德比和桑切斯结怨的情况后，他们搬开德比的床，只见床下的楼板竟然被割掉了一大块。原来，桑切斯趁德比不在的时候，割下了位于德比床下的天花板。前一天晚上，他趁德比熟睡之际，对准天花板上的洞，打开了煤气罐。桑切斯认为煤气应当会从洞里源源不断地进入德比的屋子，最终把德比毒死。可奇怪的是，德比安然无恙，而躲在浴室里的桑切斯却因为煤气中毒而死亡。

德比觉得有点儿不可思议，可是事实又摆在眼前。聪明的读者，你知道是什么原因吗？

[A2]

从末尾开始，最小儿子得到的金条数目，应等于儿子的人数。金条余数的 1/7 对他来说是没有份的，因为既然不需要切割，所以在他之前已经没有剩余的金条了。

接着，第二小的儿子得到的金条，要比儿子人数少 1，并加上金条余数的 1/7。这就是说，最小的儿子得到的是这个余数的 6/7。从而可知，最小的儿子所得到的金条数应能被 6 除尽。

假设最小的儿子得到了 6 根金条，那就是说，他是第六个儿子，守财奴一共有 6 个儿子。第五个儿子应得 5 根金条加 7 根金条的 1/7，即应得 6 根金条。

现在，第五、第六两个儿子共得 6 + 6 = 12 根金条，那么第四个儿子分得 4 根金条后，金条的余数是 12 ÷ 6/7 = 14，第四个儿子得 4 + 14/7 = 6 根金条。

现在计算第三个儿子分得金条后金条的余数：6 + 6 + 6 = 18 根金条，是这个余数的 6/7，因此，全余数应是 18 ÷ 6/7 = 21。第三个儿子应得 3 + 21/7 = 6 根金条。

用同样方法可知，长子、次子各得 6 根金条。我们的假设得到了证实，答案是共有 6 个儿子，每人分得 6 根金条，金条共有 36 根。

有没有别的答案呢？假设儿子数不是 6，而是 6 的倍数 12。但是，这个假设行不通。6 的下一个倍数 18 也行不通。再往下就不必费脑筋了。

白忙一场

Q4 埃森公爵的遗孀密藏了一件稀世珍宝，那是一颗重达 60 克拉的大钻石（一种由碳元素组成的纯结晶体）。钻石就藏在她卧室的秘密保险柜里。大盗库班派助手德娃和卡布去偷钻石，并嘱托他们：“不管用什么方法，只要打开保险柜的门给我拿回钻石就行。公爵夫人外出旅行了，现在那是一座空房。”

于是，两个助手带了氧气切割机（其火焰温度高达上千摄氏度），溜进了那所房子。因为保险柜是钢制的，又镶嵌在墙壁上，所以两人决定用氧气切割机直接打开柜门。一会儿，保险柜的门被打开了，但是德娃顺着洞往保险柜里一看，里面却什么也没有，只有一小堆灰。

两个人沮丧地回到库班那里，告诉库班并没有发现钻石。

“什么？怎么可能？你们俩究竟怎么打开保险柜的？”库班追问道。

“我们用的是氧气切割机，用它没什么大动静。”

“真是蠢货！再大的声响也不要紧呀，那是一座空房，为什么不用电钻？”库班痛骂了他们两人一顿。

请问：那两个助手犯了什么错？

[A3]

煤气确实比空气轻，可是它在空气中并不会直线上升。由于空气对流的影响，煤气会首先在空气中扩散，然后和空气混合在一起。期待煤气在空气里笔直上升到楼上，只是桑切斯一厢情愿的想法，这个歹毒的想法使他最终葬送了自己的性命。

油画抓凶

Q5 爱德华太太收藏了六幅艺术大师的油画。在爱德华太太死后，根据她的遗嘱，侄子霍德斯继承所有遗产，只是在遗嘱中，她特别注明这六幅油画只限于家族收藏，不得出售或者转赠。

霍德斯对艺术一窍不通，他把绝大部分的藏品委托给拍卖行拍卖掉，而遗嘱中规定不许出售的六幅名画则让他大伤脑筋，捐给博物馆呢，舍不得；自己收藏呢，又没有兴趣。

这天，警察接到了报案，霍德斯的家里遭到了抢劫，歹徒把他绑起来，抢走了那六幅名画。幸亏朋友来访，才把他救了出来。著名侦探波洛立刻询问霍德斯案发当时的情况。

霍德斯愤怒地说道："大约一个小时以前，一群歹徒袭击了这里！当时我正面对一幅名画欣赏，忽然一把冲锋枪顶到我的脑袋上。接着，两个歹徒取下五幅名画，然后他们逼我把我面前的那幅也给他们。最后，我被枪托狠狠敲了一下，醒来的时候就被绑得死死的了！天呀，六幅稀世之宝啊！"

波洛看了看霍德斯的脑袋，果然有被钝器敲伤的痕迹。他遗憾地说："这些狡猾的歹徒！那么，你有没有看到他们长什么样子？"

"我看到了。"霍德斯说道，"我从面前油画的玻璃框上看到，一个小胡子，两个……"

"霍德斯先生，"波洛打断了他的话，"看来无论是艺术还是撒谎，你都是门外汉。你这样做的目的是为了骗取保险金吧！"

聪明的读者，你知道霍德斯哪里露出破绽了吗？

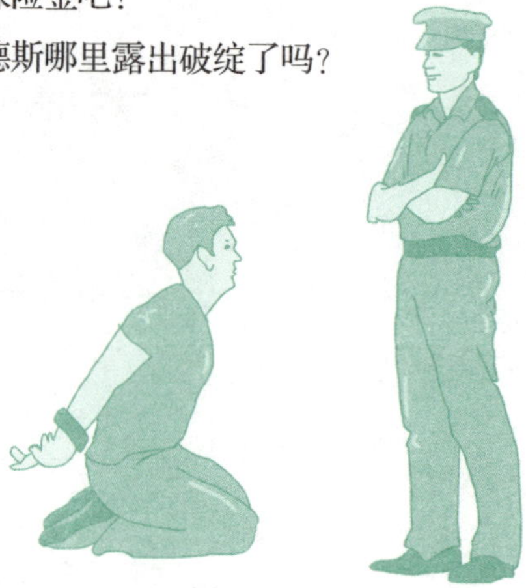

[A4]

保险柜里的那一小堆灰就是那颗大钻石。钻石是地球上最坚硬的天然物质，其成分是碳元素的纯结晶体，但如果温度超过 850℃就会燃烧。氧气切割机火焰温度高达上千摄氏度，用如此高温的切割机切割小小保险柜的门，致使保险柜中的钻石燃烧，变成了二氧化碳。

妙断抢劫案

Q6 宋朝时，河北有个叫柳清的知县，为官清廉，因此得了个“铁判官”的绰号。这天，他接到一个男子的诉状。据男子讲述，他叫王三，以卖蜜饯为生，辛苦积攒了 50 两银子回家探亲，岂料渡河时遭到摆渡大汉的抢劫。

听完陈述，柳清想了一下，问道：“你的银子原来放在什么地方？”

“就放在这儿。”说着，王三打开包袱，露出几盒蜜饯。

“来人！”柳清唤过两名衙役，“跟着他去，把那个摆渡的家伙给我带来！”

不久，两个衙役带来了一个渔民打扮的大汉，并从他身上搜获了不多不少 50 两银子。但大汉始终不承认自己抢了王三的。

柳清略微一沉吟，随后问大汉：“你是干什么的？”

“捕鱼的。”

“这银两是从哪里来的？”

大汉哭道：“那是我两年多的积蓄，小人没干伤天害理之事！”

柳清随即吩咐道：“把这些银两放到院子里去。”说完，便专心地看起书来，而院子里的银两周围立刻引来了几只苍蝇，一只小猫也踱到了银两跟前闻来闻去。只过了一会儿，知县就破了此案。

请问：他是怎么破案的呢？

[A5]

油画一般是画在画布和木板上，用玻璃框装裱的不太透气，时间长了，有可能会造成画面发霉、颜色剥落，所以油画从来不用玻璃框，而是用木框或者专用的画框装饰，霍德斯的话里露出了和常识不符的破绽。

揭穿冒牌货

Q7 劳伦斯来到里斯镇的电影院为居民们做演讲。演讲最后，劳伦斯说道："我是一名科学家，大家都知道，科研需要购买器材和实验用品，但由于政府财政困难，暂时没能给我们足够的经费，许多科研因此停下来。这非常可惜！如果大家不想看到这种局面，请为科研捐款吧！"

居民们纷纷取出支票本，准备给"劳伦斯科研室"捐款。但镇长威廉先生却觉得不对劲，从没听说著名的劳伦斯教授会自己游说拉赞助！他悄悄对小孙女说了几句话，便高声说道："劳伦斯先生，我孙女有个小学数学问题想请教您！"

小女孩用稚嫩的声音问道："一家工厂 4 名工人每天工作 4 小时，每 4 天可以生产 4 架飞机模型，那么 8 名工人每天工作 8 小时，8 天能生产几架飞机模型呢？"

居民们笑了起来，都觉得这个问题太简单了。劳伦斯微笑着回答："所有条件都翻了一番，当然答案也翻一番了！是 8 架飞机模型，对不对？"居民们先是一愣，然后再次大笑起来。

威廉先生站起来说道："居民们，这个劳伦斯是冒充的科学家，到处行骗，大家不要上当啊！"

顿时，台上的"劳伦斯"脸色发白，他想不到一道数学题目竟然揭穿了自己的本来面目！

聪明的读者，你知道劳伦斯是怎么被识破的吗？

[A6]

装在蜜饯盒里的银两一定充满甜味，在院子里暴晒后，肯定会爬满喜爱甜味的蚂蚁。而充满鱼腥味的银两自然就会引来喜爱腥味的动物。柳清正是巧妙利用了这些特性才断了此案。小猫闻到了腥味，因此不停地在银子堆上东闻西嗅。所以，这银子明显是属于摆渡大汉的，不是王三的。

现场的“细节”

Q8 一天，警察局接到一个案子：在一个公园里发现了一具尸体。查明后，死者是一家公司的总经理，名字叫大岛完池。经过法医的检查，大岛完池是因枪击身亡的，子弹从前额中央射入，从弹孔流出的血迹在他的右侧脸庞流成了一条血线，已经干硬。鲜血染红了死者衬衣的领子和绿色的领带。

警察叫来了死者的朋友田井，向他讲述了发现尸体的经过：早晨 7 点左右，一个晨练的人在公园内面向大海的长椅上发现了死者。警察赶到现场后，在长椅下找到了射杀死者的那支手枪，上面只有死者的指纹。经法医检验，死亡时间大致是午夜到今晨 3 点之间。

然后，警察说出了调查经过和结论：“经过我们的调查发现，昨天晚上他在公园酒店参加了一个宴会。大约凌晨 1 点左右，海面上刮起了大风。大岛对朋友说要方便一下，就离开了，之后就再没出现过。大约两点左右，他们以为大岛回家了，也就散了，因为这已经不是他第一次中途离开了。再加上最近他遭遇了女儿的去世和工作上的困境，所以，我们判定他是自杀的。”

“自杀？不，我的朋友大岛完池并不是自杀！”田井听后说道，“现场的情形也不能说明他是自杀，警察先生，因为你们忽视了一个至关重要的细节。”

你知道田井所说的“细节”是什么吗？

[A7]

4 人工作 4×4 小时生产 4 架飞机模型，所以，1 人工作 4×4 小时生产 1 架飞机模型，这样每人工作 1 小时就生产 1/16 架飞机模型。因此，8 人每天工作 8 小时，一共工作 8 天，生产的飞机模型数目就是 8×8×8×1/16 ＝ 32（架）。劳伦斯连这样一道简单的数学题都算错了，说明他不是科学家，他在说谎行骗。

凋零的花瓣

Q9 警察们小心翼翼地撬开门，发现海勒租用的房间只有一扇窗和一扇门，而且都在里面锁上了。进入房间，只见海勒倒在床上，中弹死了。

警官打电话给斯曼探长，向他报告了情况：“今天早上，地铁站那儿卖花的小贩打电话报警，说海勒在每个星期五晚上都要到他那里拿 11 朵粉红色的玫瑰，已经 10 个年头了，从未间断，可这个星期她没去。

“那小贩有点儿担心出事，就给我们打了电话。初步看来，海勒像是先锁上了门和窗，然后坐在床上向自己开了枪。她向自己的右侧倒了下去，手枪掉到了地毯上，开门的钥匙在她的背心口袋里。”

“她买的那些玫瑰怎么样了？”斯曼探长问道。

“它们都被装在一个花瓶里，花瓶放在狭窄的窗台上，花都枯萎凋谢了。另外，据我们分析，海勒死了至少已有 9 天了。”

“整个地板上铺了地毯吗？”

“是的，一直铺到了墙脚。”警官回答。

“在地板、窗台或者地毯上有没有发现血迹？”

“没有，只有一点儿灰尘，没有别的东西。只有床上有血迹。”

“如此说来，你最好派人检查一下地毯上的血迹。”探长说道，“有人配了一把海勒房间的钥匙，他开门进去，打死了站在窗边的海勒。然后，凶手打扫清洗了所有的血迹，再把尸体挪到床上，使人看上去像自杀。”

请问：斯曼探长为什么如此推断？

[A8]

细节就是大岛完池前额弹孔中流出的血的形状。如果他是在大风中自杀的话，伤口的血迹不会是在脸上形成一条血线，而且已经干硬了。风会使血迹污染面孔，洒到衣服上。由此判断大岛完池不是自杀，公园也不是第一现场。

泄密的玻璃杯

Q10 出版商玛丽小姐在自己的公寓里被杀了。警方找到三个嫌疑犯：作家露丝、印刷厂负责人卡罗和玛丽的前夫刘易斯。他们三个人的证词如下。

露丝：“那晚我去找过她，主要讨论重新签订版税合同的事情。之后，玛丽倒了一杯冰镇饮料给我喝，大约 5 分钟后我离开了。”

卡罗：“我当晚 8 点左右去的玛丽家，准备向她要回欠印刷厂的费用，但是她根本不和我谈钱的事情。后来我就走了。对了，她还给我倒了杯冰镇苏打水，楼下看门的老人能证明我是什么时候离开的。”

刘易斯：“我们虽然因财产问题离婚，但离婚后我们还是好朋友。那晚我去看她的时候，她的情绪很不好。所以我在她那里只喝了杯白开水，聊了会儿就走了。”

警察在案发现场没有找到射杀玛丽的弹壳，只找到留有死者清晰指纹的玻璃杯。据预测，当晚的温度大概是 37℃，请问：谁是凶手呢？

[A9]

放在窗台上花瓶中的 11 朵玫瑰，在房间里搁了两个星期后早已枯萎凋谢，窗台、地板和地毯上应该找得到落下的花瓣，不可能只有一点儿灰尘，而没有别的东西。所以，探长认为那些花瓣是凶手在清除血迹时一同清理掉的。

闹钟炸弹

Q11 在一辆飞驰的火车上，有人把一枚炸弹安在了一个很隐蔽的地方。拆弹专家谢廖沙被派来拆除炸弹。

谢廖沙和工作人员发现这是一颗接在闹钟上的定时炸弹，上面有很复杂的连线，剪错一根，就可能导致全车厢的人送命。现在作为定时装置的是一种常见的老式闹钟，定时的指针正指着 14 时 30 分，大概一到这个时间，就会接通表中的干电池，引爆炸弹。通过仔细观察，谢廖沙发现闹钟字盘的外壳是透明的塑料，不是玻璃制的，但这也并非能轻易就取得下来。因为万一不小心，就会接通电流，那就有引爆炸弹的危险。

但聪明的谢廖沙还是在炸弹将要爆炸的一分钟内，设法拆除了定时装置，使炸弹顷刻成了一堆废物。你知道谢廖沙采用的是什么办法吗？

[A10]

根据口供，露丝和卡罗喝的都是冰镇饮料，而刘易斯喝的是白开水。在炎热的天气里，冰镇饮料会让杯子外表面迅速结出一层水珠，这样死者留下的指纹就应该是模糊的。而常温下手触碰杯子后留下的指纹应该是清晰的。所以，死者最后见的人是刘易斯，由此推断，凶手是喝了白开水的刘易斯。

敲门的窃贼

Q12 加利探长是个集邮爱好者，一年夏天，他到一个海滨城市度假。正巧，当地有个集邮者聚会，他便参加了，聚会连续举行了好几天，每晚都要在协会成员中进行邮票交换活动，探长也像大多数到会者一样，在举行会议的旅馆三楼租了间房。

这是一幢四层楼的旅馆，大楼的三四楼全是单人房间，双人房间则在二楼。因为有很多集邮迷在旅馆过夜，他们放在旅行包里的珍贵邮票，就更有保管好的必要了。

在集邮爱好者共进晚餐时，探长回房间去取烟斗。当加利探长正在四处寻找时，响起了敲门声。他没有在意，也没有吱声，过了一会儿，门就被轻轻推开了，因为加利探长刚进来时并没有把门关死。

一个年轻人悄悄地进来，当他见到加利探长时，便止住了脚步，结结巴巴地说："对……对不起，我走错房间了！"

加利探长客气地说："没什么，这是常有的事！"

年轻人离开房间后随即上了楼梯。加利探长在后面注视着他，在年轻人的身影消失后，加利探长没做更多的思索和联想，就打电话报告了警察——他断定这是个贼！15分钟后，警察赶到旅馆，在加利探长的协助下，很快就在作案现场逮住了这个年轻人。警察从他身上搜到了偷来的现钞、珍贵的首饰和好几本集邮本，还有私配的钥匙，这一切都证明了这家伙是个贼！

请问，加利探长根据什么立即断定这年轻人是贼？

[A11]

谢廖沙用打火机将闹钟字盘的外壳烧化。因外壳是塑料的，很快就会熔化出一个洞，再用速干胶从洞内伸进去将表针固定住，这样表就停了。只要表针不动，无论什么时候也到不了14时30分，炸弹也就不会引爆了。

失败的掩盖

Q13 富商雷蒂的侄子维柯多找到了镇上的小流氓班杰斯。他交给班杰斯一个信封说道:“今天晚上到我家书房，杀掉我叔叔雷蒂，然后伪装成自杀的样子，把这份遗书放好。信封里另有一万美元是定金，如果做得干净利落，我会再付你一万美元。”看着厚厚的钱，班杰斯点点头答应了。

这天晚上，班杰斯准备停当，潜入书房，用安装了消音器的手枪打死了雷蒂，然后按照计划，他把随身带来的打字机，端端正正地放在雷蒂面前，又把维柯多早就准备好的遗书放在打字机的出纸口上，最后把手枪放到雷蒂手里，做出刚刚打好遗书、举枪自杀的假象。为了谨慎起见，班杰斯还擦拭了所有他接触过的地方，包括打字机、手枪和桌子，避免留下指纹。

第二天，当班杰斯准备去领取剩下的一万美元时，却发现所有的报纸都登载了这样的消息：“有人假造遗书，谋杀富商雷蒂！”看到这个消息，班杰斯大惊失色。他仔细回想昨晚作案的过程，确信没有任何疏漏，而留下的遗书也是经过雷蒂本人签名的，应该也没有破绽。

那么，警方是如何确定雷蒂先生是被谋杀的呢?

[A12]

任何一个单人房间的旅客，在进自己的房间之前，是决不会敲门的。显然，年轻人所说的走错了房间是在说谎。

年轻人走进加利房间之前敲了下门，而后又上了四楼，三楼和四楼只有单人房间。而加利探长当时不揭穿他，是怕打草惊蛇。只有等他再次作案时，才能抓住他。

虚假的报案

Q14 一天，罗西警官刚上班就接到报警电话:“马丁路克高级公寓203房间被盗。”报案的是公寓的管理员，他说，今天早上他照例去每层楼巡视，经过203房间门口时，忽然听到里面有声音。他感到很奇怪，因为这个房间的主人出远门了，至少要半个月才能回来。出于责任心，他便透过锁孔往里面看，发现一个男子在房间右侧的柜子旁正往大包里塞东西，然后又蹿到左侧的窗边跳了出去。他知道这人肯定是盗贼，就打电话报了警。

罗西随后和管理员一起来到现场。公寓的房门是一扇10厘米厚的重重的橡木门，门的锁孔大小和黄豆差不多，房间很长，右侧墙壁到左侧窗户足有14米。左侧的窗户开着。突然，管理员抢先来到窗边，说：“警官，这里有一个男人的脚印。”

罗西站到管理员面前说：“别演戏了，你就是盗贼。”管理员张口欲言，但最终低下了头。罗西是根据什么作出这一判断的呢？

[A13]

没有指纹同样是值得怀疑的重要线索。既然遗书是雷蒂先生在自杀前打的，那么打字机上必然有雷蒂先生的指纹，可是班杰斯为了毁灭证据，擦去了所有指纹。这样一个微小的线索让警方完全能够判定，雷蒂先生的死绝不是自杀，而遗书显然也是伪造的。

说谎的“教父”

Q15 格桑是黑帮的头目，被黑帮尊称为“教父”。警方一直想逮捕他，但都失败了。有一天上午，格桑忽然来到警察局自首，他告诉警察，上个月他走私了 100 块壁画回国，可是，当他联系好收藏家准备出售的时候，这些壁画被他的手下全部盗走了。因为盗窃的人很多，他想让警方帮他揪出背叛他的手下，同时追回这批价值连城的壁画。他可以为警方作证，但条件是警方不得起诉他。得到了应允后，他为警方提供了 25 个人的名字，这些人中最少的偷走 1 块，最多的偷了 9 块。当问到这 25 人各自偷了多少块壁画时，他说也记不清了，但可以肯定的是，他们都偷走了单数块壁画，没人偷走双数块的。

警察们都认为这是一个一举消灭黑帮的好机会，全员出动，有一个心理专家对警察局局长说：“格桑耍了你们，他可能是对手下失去了控制，才想到借你们之手来除掉手下！”

警察局局长听得瞠目结舌，你知道心理学专家是怎么知道格桑在说谎的吗？

[A14]

管理员说他看到一个男子在右侧的柜子旁往大包里塞东西，然后蹿到左侧窗户逃走。而锁孔只有黄豆般大小，门有 10 厘米厚，人的视线不可能同时看到 14 米宽的空间。所以他在说谎。

一封假遗书

Q16 在旧金山的一家旅馆内，有位客人服毒自杀，名侦探詹姆接到报案后前往现场调查。被害者是一位中年绅士，从表面迹象看，他是因中毒而死。

“这个英国人三天前就住在这里，桌上还留有遗书。”旅馆负责人指着桌上的一封信说。

詹姆小心翼翼地拿起遗书细看，文字是用打字机打出来的，只有签名及日期是用笔写上的。

詹姆凝视着信上的日期——3.15.99，然后像是得到答案似地说：“若死者是英国人，则这封遗书肯定是假的。相信这是一宗谋杀案，凶手可能是美国人。”

究竟詹姆凭什么这么说呢？

[A15]

假如 100 这个数可以分成 25 个单数的话，那么就是说 25 个单数的和等于 100，即等于双数了，而这显然是不可能的。

事实上，这里共有 12 对单数，另外还有一个单数。每一对单数的和是双数，12 对单数相加，它的和也是双数，再加上一个单数，总和不可能是双数，因此，100 块壁画分给 25 个人，每个人都是单数是不可能的。

聪明的警探

Q17 杰文斯警探和钻石走私商们在边境斗争了许多年。以前没有电子仪器，所有过关物品都用台秤称量。为了节约开支，竟没有整套秤砣，不能称量 50 千克到 100 千克之间的物品。走私商们觉得这是个大漏洞。于是，他们把钻石藏在搓成团的面粉里，然后放心大胆地扛着一包包面粉团子来验关。

杰文斯觉得很蹊跷：运 5 袋面粉团子竟来了 6 个人，而且表情有些慌张，这说明面粉袋里一定有鬼！但是，这些面粉团子每袋标重为 55 千克，误差都在 4 千克以内，也就是说，在 51 千克到 59 千克之间。

即便面粉团子里掺了钻石，在这个范围内也无法称量出实际重量。除了打开口袋一点点检查，似乎没有别的办法。看着后面排得长长的队伍，杰文斯犹豫了。

“警官，快点！”一个走私商看到杰文斯为难，幸灾乐祸地说，“没看到后面还有那么多人吗？”

杰文斯决定称出面粉团子的实际重量。他把 5 袋面粉团子一对一对地称，5 个口袋组成不同的 10 对，共称了 10 次。得到了 10 个数字，由小到大依次排列如下：110 千克，112 千克，113 千克，114 千克，115 千克，116 千克，117 千克，118 千克，120 千克，121 千克。

杰文斯计算之后对走私商说：“你们竟然在面粉团子里掺了 3 千克以上的钻石！现在，你们被捕了。”

那些走私商怎么也想不到，杰文斯警探这么快就识破了他们的诡计。

聪明的读者，你知道杰文斯是如何识破的吗？

[A16]

詹姆是看了信上的日期后，才推断凶手可能是美国人。因为英国人写时间是先写日期，再写月份的。但美式写法则刚好相反，是先写月份，再写日期的。

缉拿毒贩

Q18 圣马丁警官是K国缉毒部门的负责人，他抓捕了许多毒贩，所以毒贩们都不敢在K国贩毒，于是毒贩潜逃到与K国接壤的L国边境。圣马丁的缉毒分队只能打击自己国境内的犯罪活动，不能越境抓捕罪犯。圣马丁于是制订了一个代号叫“袋鼠”的秘密行动计划，决定趁着夜色，快速赶到毒贩在L国的藏身地点，一举把所有毒贩都缉拿归案。当然这个行动必须要快，否则惊动了L国的话，将引起外交上的麻烦。

这天夜晚，圣马丁和缉毒队员们悄悄潜入L国境内，在不到一分钟的时间里，把毒贩全部抓获。但是毒贩们把毒品藏在了七根粗细、长短一致的大木头中，而只有一根是挖空藏有毒品的，可是到底是哪一根呢？

一个下属提醒圣马丁，装毒品的木头会比普通木头轻，可以用现场的一块钢板和一个水泥墩做成简单的天平，逐个检验。但是他们没有时间一根一根地测量，圣马丁思索了一下，用最简单的方法完成了七根木头的比较，找出了藏毒品的那根木头。

聪明的读者，你知道最少称几次，可以把装有毒品的木头找出来吗？

[A17]

把称得的10个数字相加，得到1156千克，即是各个口袋重量之和的4倍。把1156千克除以4，得知5个口袋共重289千克。

为方便起见，把5个口袋按重量大小依次用字母代表：最轻的一个口袋为A号，次轻的一个口袋为B号……最重的一个口袋为E号。不难理解，在110、112、113、114、115、116、117、118、120、121这10个数字中，第一个数字（110）是两个最轻的口袋A、B的重量之和，第二个数字（112）是A、C两个口袋的重量之和，最后一个数字（121）则是最重的两个口袋D、E的重量之和，倒数第二个数字（120）是C、E两个口袋的重量之和，即：

$A + B = 110$……①　　$A + C = 112$……②　　$C + E = 120$……③　　$D + E = 121$……④

由此，不难算出A、B、D、E这4个口袋的总重量为 $110 + 121 = 231$。从5个口袋的总重量与这个重量之差，即可求得C的重量为 $289-231 = 58$。把C的值代入②、③两式，分别求得 $A = 54$，$E = 62$，随后可依次求得 $B = 56$，$D = 59$。

因为面粉团子的重量误差是在4千克以内，而62千克的面粉团子说明走私犯至少在一袋面粉团子中掺入了3千克钻石。

红枣破案

Q19 从前，有位商人要外出去做生意，由于家中没有其他人，他把一坛银子假说是红枣，封好后托邻居保管，说是很快就回来。

可商人一去，竟三年没有回来。一天，邻居打开坛子，只见都是白花花的银子，就全部拿出来占为己有。不久，商人回来了，邻居在坛子里装满红枣，照原样封口以后还给商人。

商人打开一看，银子变成了红枣，就问："坛子里的银子呢？"

邻居回答说："你交给我时说的是红枣，哪里来的银子呢？"

两人说不清，理不明，争吵起来，就一同去见了县官。

公堂上，邻居抢先说："他把坛子交给我时说是红枣，根本就不是银子。"

县官仔细看了看这坛红枣，把桌子一拍，要邻居立刻把银子交出来，否则要用大刑。邻居大呼冤枉，否认拿到了银子，但当县官讲出理由时，邻居便低头认罪了。

请问：县官说了什么呢？

[A18]

其实，最少只要称两次就能得出结论。先把一根木头放到一边，另外6根分别放到简易天平的两边，每一边有3根木头，如果两边平衡，那么显然旁边这根木头就装有毒品；如果一边比较轻，那么取轻的那边，用同样的方法再做一次，就可以得到正确的答案了。

果园的价值

Q20 这天下午，两个年轻人前来求助戈尔警长。一人先说："戈尔先生，我们的父亲和杰斯的父亲合伙买了一幢豪宅，还有一大片果园。可父亲不知受了什么迷惑，他竟立下遗嘱把豪宅留给杰斯家，只把果园给我们！"

戈尔缓缓说："虽然这对你们不公平，但是立嘱人的意思应该尊重。所以，我帮不了你们。"

另一个人忙说："您误会了。我们不想和杰斯争夺房产，可我们都不住在伦敦，没办法经营果园，因此要求杰斯折价给我们。可是，这无赖以无法估价为由拒绝了！"

年轻人又补充道："我们翻阅了当时的记录：我父亲准备要杰斯给他杰斯家四分之三的钱，再加上他自己的钱，买下这幢价值 500 万英镑的宅子，而杰斯家剩下的钱刚好够买下果园。后来，杰斯家提议，我父亲拿出自己的三分之二的钱给他们来购买房产，而我父亲剩下的钱也刚好够买果园。"

另一个年轻人说："谁知道这果园到底值多少钱呢？"

戈尔说话了："我已经算出你们果园的价值了，你们可以去向杰斯家要钱了。"

两个年轻人目瞪口呆，他们没想到戈尔竟然这么快就解决了这个难题。那么，你知道戈尔是怎么计算出来的吗？

[A19]

县官说："商人外出三年，红枣早已干枯霉烂，现在红枣新鲜完好，明显是才放进去的。"邻居无话可说，只得乖乖地交出了银子。

千万富翁的遗书

Q21 千万富翁维克多乘坐私人直升机到别墅度假。一小时之后，直升机折回机场。驾驶员向警方报案称：“维克多在飞行途中，突然打开舱门跳机自杀了，遗书就留在座椅上。”

警方立即到直升机上查看，果然发现维克多所坐的椅子上有一封遗书，其内容是说他已厌倦人生，所以自杀，与别人无关等等。警方经过调查研究，发现了一个很大的破绽，于是立即将驾驶员拘捕，指证是他把维克多推出机外，然后把遗书放在座椅上的。

警方为何得出这样的结论？

[A20]

假设杰斯家的钱数为 x，年轻人的父亲的钱数为 y，则果园的价值等于 $y/3$，也等于 $x/4$。此外，已知 $3/4x + y$ 等于 500 万英镑，而 $2/3y + x$ 也等于 500 万英镑。从这些方程中可以解出年轻人的父亲有 250 万英镑，而杰斯家的钱约为 333.33 万英镑，果园的价值约为 83.33 万英镑。

愚蠢的敲诈

Q22 一辆公交车的司机刹车太急，致使旅客在车厢里跌倒，从而导致了数起对公交公司的诉讼案。一位名叫德曼的旅客自称在停车中负伤而要求公交公司给予1万元的赔偿。

负责这起诉讼案的是弗洛伦。他看到德曼在索赔书中这样描述：急刹车发生在21点，他当时由于打瞌睡没有注意抓紧扶手，当时就向后仰倒在车厢里。后来到医院检查，经医生诊断是颅骨骨折。随信还附有当日的车票及医生出具的诊断书复印件。索赔书中要求公司在3日内给予答复，不然他将向法庭提起诉讼。

整个索赔书有理有据，弗洛伦虽然觉得是一次故意“敲诈”，但无奈找不到证据。这可怎么办呢？这时，恰好来找弗洛伦吃饭的好朋友艾迪听说了这件事，听完了弗洛伦的描述，又看过那份索赔书，艾迪放声大笑：“你不用担心，弗洛伦。你告诉他，公司随时准备应诉，同时提醒他敲诈罪成立的话，他是要坐牢的。”

那么，艾迪说这番话的根据是什么呢？

[A21]

飞机在空中飞行，机舱门突然打开，会因机舱内高压、机舱外低压而产生巨大的吸力。因此，遗书不可能放在座椅上，而会被吸出机外。显然，驾驶员说了谎。

不打自招

Q23 某夜，一个国王为女儿过生日，在王宫举办了盛大的晚会。席间突然停电了，公主觉得有一个男人乘机抱住她，偷吻了她一下。惊吓之余，她不禁高叫起来：“哎，谁这么无礼？”

电灯亮了，王宫的侍卫也过来了。对此，席间的五位单身男子的反应分别如下。

一位年轻的公爵说：“怎么了？公主殿下，有人非礼你吗？”

一位风流潇洒的诗人说：“我刚刚站起来时，只不过不小心碰了一下您，不会这样就算非礼吧！”

一位贵族说：“公主殿下擦的香水真是太迷人了，所以……”

一位邻国的王子有点儿气愤：“哼，谁这么流氓，竟然趁停电偷吻您，太不像话了。”

一位绅士说：“简直有失绅士风度！”

公主突然明白了什么，突然指着一位男子说：“就是你，你这流氓。”

请问：这位耍流氓的男子究竟是谁？

[A22]

根据德曼的索赔书陈述，他是向后仰倒在车厢里。可是刹车时，乘客由于惯性应该是向前倒。德曼显然是在说谎。

戴墨镜的杀手

Q24 市郊的一座公寓里住着两个小伙子，一个姓田，一个姓林。

这天，大雪纷飞，王警官和助手接到小田报案，说刚才小林被人枪杀了。他们赶到现场，只见小林头部中了一枪，倒在血泊中。

小田说："我刚才正与小林吃火锅，忽然闯进来一个戴墨镜的人，对准小林开了一枪后逃走了。"

王警官看到桌上摆的还冒着热气的火锅，于是说道："别装了，你就是凶手！"

请问，这是为什么呢？

[A23]

耍流氓的是那位邻国的王子。因为公主并没有说发生了什么事，只有这位王子准确地说出了她被偷吻的事。这说明他就是那个偷吻者。

盗珠宝的阴谋

Q25 山姆斯饭店将要举办首饰展览会，于是派领班兰尼小姐将设计新秀甄妮小姐接来，安排在三楼贵宾室里。

兰尼从甄妮手中接过装满珠宝的手提箱，放在床头柜上，问：“您有什么需要吗？”

甄妮说：“明天早晨给我送杯牛奶吧。”

第二天清早，甄妮在盥洗室里刚刷好牙，正用毛巾洗脸时，突然听见门边“啊”的一声惊叫，接着是“扑通”一声。甄妮立刻奔向门厅，只见兰尼歪倒在房门口，一股鲜血从她额头上流下来。甄妮急忙去找枕巾帮她止血。当她去拿枕巾时，突然发现床头柜上装满珠宝的手提箱不见了！

顿时她脸色煞白，惊呼一声：“天啊！”然后立刻报警。波洛探长赶到现场时，兰尼已进入了甄妮的房间。

甄妮哭着告诉波洛探长她的手提箱不见了。兰尼接着说：“刚才，我给甄妮小姐送来一杯热牛奶。可当我刚跨进房间，就觉得有一阵风，没等我回头，头上就被硬东西砸了一下，摔倒在地，恍惚间好像看见一个蒙面歹徒，拿着甄妮的手提箱逃走了。”

探长走到床头柜前，见柜上放着一杯牛奶，对甄妮说：“喝吧，牛奶还是热的。”“我现在喝不下去。”甄妮泪如泉涌。

兰尼摸了摸杯子说：“凉了点，我再去给您热一下。”说着端盘要走。

探长挡住她的去路：“兰尼小姐，你还是把你的同伙和甄妮小姐的手提箱交出来吧！”

请问：探长为什么会这样说呢？

[A24]

如果有人戴着墨镜从寒冷的室外进入热气腾腾的室内，镜片上会蒙上一层雾气，根本无法看清屋里的人，所以小田在说谎，他就是凶手。

不翼而飞的巨款

Q26 库特先生的儿子被人绑架了，作为交换条件，歹徒要他把 100 万的现金用布包好，装到皮箱里，在晚上 10 点放在纽约公园铜像前的椅子下面。

库特先生为了儿子的安全，依照歹徒的要求，把现金在规定的时间放到了规定的地点，然后离开了。当然，两个小时前，这附近就布置了几个便衣警察。

大约过了十几分钟，一个穿毛衣的年轻女郎走了过来，拿起椅子下的皮箱，毫不在意地快步离开了公园。出了公园，那个女郎走了一会儿，便拦住一辆出租车，坐了进去。埋伏在附近的便衣警察立即开车跟踪。不久，出租车停在地铁站的入口处，那女郎提着黑皮箱下了车。警车上的两个便衣警察也跟了上去。

只见女郎把那黑皮箱寄存在了地铁入口的存包处，然后在人群中消失了。便衣警察想虽然人逃跑了，放钱的黑皮箱还在，也算是有所收获。可谁知，当便衣警察出示了证件，让存包处的人打开那只皮箱时，却发现里面的 100 万现金早已不翼而飞。

请问：100 万元现金到哪里去了呢？

[A25]

兰尼说一进门就被人打倒在地，那么牛奶为什么一点儿都没有洒呢？其实兰尼端着这杯牛奶先进房间放在床头柜上，顺手将手提箱拿到门口，交给那个蒙面同伙，然后使用苦肉计——故意让同伙打了一下，造成被人打伤、手提箱被盗的假象。

铁路旁边的尸体

Q27 一具男尸横在铁路旁边，头朝下，肢体扭曲，脖子都摔断了。警长勘查现场后初步认定，死者叫拉福特，是个诈骗犯，应该是从芝加哥开往洛杉矶的快车上跳下来的。这次列车是当天唯一从此地经过的火车。

随后赶来的尼克探长问："你根据什么说他是从火车上跳下来的？"

警长领着尼克探长顺着铁轨西行，走了 100 米左右，看到第一个旅行包，再往前走 300 米左右，又看到另一个旅行包，包里有崭新的纸币，共 5 万美元。

警长说："钱是假币，看来是有人想抢这笔钱，拉福特跳车要保住它。"

尼克探长说："不，他是被人从火车上扔下来的。"

请问：尼克探长为什么作出这种判断？

[A26]

真正的歹徒是那辆出租车的司机，女郎只不过是他的从犯。女郎乘上出租车，司机把黑皮箱里的 100 万元现金拿出来后，再把空皮箱交给女郎，让她寄放到地铁站的存包处去。

赤日五号

Q28 一天早晨，在东京附近的山林中，发现一具被人用绳子勒死的女尸，法医检测女子临死前吃过安眠药。该女子是一家公司的经理，据初步推断，凶案发生在三天前夜间零点左右。

通过侦查，发现一个名叫黑田高木的人欠受害人一笔巨款，有很大的嫌疑。于是，刑警盘问他三天前夜间零点左右在哪里。

黑田高木答道："在东京港出发驶往鹿儿岛的'赤日五号'轮上。如果是夜间零点左右，我正在一等舱睡觉。船应该是通过纪伊半岛海域的。'赤日五号'是一艘车辆渡轮，从东京起航直到鹿儿岛，中途一站不停，所以我不会去东京杀女经理的。"

后经核实，情况正如黑田高木所言。"赤日五号"的侍者也清楚地记得黑田高木是住在一等舱的乘客。但当刑警见到那艘停靠在码头上的"赤日五号"轮船是一艘车辆渡轮（即运送汽车的船）时，马上识破了黑田高木的诡计。即使航行时黑田高木在船上，他也是能杀人的。

你知道黑田高木用什么手段杀害了女经理吗？

➲ 答案见 167 页。

[A27]

如果是跳车，那么尸体和两个旅行包应该距离很近，实际情况并不是这样。何况，当时火车上并没有警察要抓捕拉福特，他完全没有必要跳车。而且，从现场看，死者是头朝下着地的，跳车者一般不会采取这种姿势。这只能说明死者是被人抛下火车的，其他东西又被人陆续抛下来。

印花上的毒药

Q29 里斯本警长接手了一件很棘手的案子。一富家幼子被绑架，虽然付了大笔赎金，可人质却没有生还。显然罪犯一开始就没打算归还人质，早已将幼儿杀掉。

从这一点看，罪犯肯定熟悉被害人家里的情况。经侦查，常出入被害人家的会计事务所会计师加姆莱克被列为嫌疑对象。这家事务所在案发前一直生意萧条、门庭冷落，最近却突然火爆起来，这不能不令人觉得蹊跷。里斯本走进加姆莱克会计事务所，加姆莱克正一张张地用舌头舔着印花往文件上贴。

"加姆莱克先生，实在对不起，打扰你了！"里斯本警长说道。

"哦，又是为那桩绑架案吧？"

里斯本端正了一下坐姿，说："加姆莱克先生，你的血型是 A 型吧？"

"正如你说的，也许因为我同合伙人库克斯都是 A 型血，很多人都觉得不可思议，这是不是——"加姆莱克想岔开话题。

里斯本打断加姆莱克的话，直截了当地说："从送到被害人家的恐吓信的邮票背面验出了你的指纹，上面留有 A 型血的唾液，你有舔邮票贴东西的习惯吧？"

"咦，你连这——"

"你的钱是怎么弄到的？"

"实际上……说起来你们恐怕不相信，是我捡的。那是绑架案发生数日后的一天，刚好就是那边椅子的一旁，有一个什么人遗忘的包，里面装的是现金。"加姆莱克不安地说道。

"你告诉库克斯了吗？"

"没有。我想大概会有人来问的，便保存了起来，但始终没见有人来问，于是……啊，你也知道我急需钱。我对库克斯说钱是我张罗来的，因为前一段时间他干得很棒，所以我也不想落后……"

加姆莱克战战兢兢，以为自己会被逮捕，但里斯本并没有确凿证据，便起身告辞了。加姆莱克当晚便死了，样子极像自杀。他的抽屉里发现了盛毒药用的小瓶，但没有发现遗书。

里斯本后悔不已。他急忙走到解剖室，同担任加姆莱克尸体解剖的法医攀谈起来。谈着谈着，法医突然想起来了："对了，加姆莱克是非分泌型体质（该体质的唾液、汗液、精液等各种分泌液体中不分泌血液型物质）。"

"糟了！加姆莱克不是绑架罪犯，他是被罪犯所杀，而后又被伪装成自杀的。"里斯本猛然醒悟道，"马上通知警察逮捕凶手库克斯！"

请问，凶手为什么是库克斯呢？

电风扇上的钓鱼线

Q30 一个盛夏的中午，一名男子被人勒死在一所公寓的房间里，尸体旁边有一台电风扇嗡嗡地转着。经检验，他死去仅仅几分钟。

房间的窗户插着插销，房门的扣链也从里面挂着，整个房间与外界完全隔绝，房门与门框之间没有缝隙，不可能用工具拨动房门内侧的插销将门插上。

一位刑警猜测，凶手可能是用糨糊、冰激凌或大头针之类的东西，把插销先悬空固定住，然后迅速出去，从外面使劲敲门，使插销正好落在插销槽里。

可这个猜测很快就被否定了，因为死者死后几分钟就被发现了，插销上应该留下糨糊或冰激凌之类的痕迹，大头针也该在现场找到，但现场却没有上述痕迹。

赶来现场的探长经过仔细观察，他发现电风扇扇叶轴上卷着钓鱼线，于是问道："这间房子的保险盒安装在什么地方？"（保险盒就是装有保险丝的开关）

公寓管理员回答："每间屋子都是安装在门的外侧。"

"噢，原来如此，那么谜就解开啦。"

请问：探长是怎样解开这个谜的？

[A28]

黑田高木让女经理吞服了安眠药熟睡后，将她藏在车的后备厢中，再连人带车带到船上。深夜零点左右，他悄悄溜进装着汽车的船舱，用绳子勒死在后备厢中昏睡的女经理。当"赤日五号"驶进鹿儿岛时，他开车上岸，拉着尸体回东京，再抛弃在山林中。

[A29]

加姆莱克的会计事务所经营状况一旦好转，受益者还有合伙人库克斯。而且，若将绑架的罪名转嫁给加姆莱克再伪装其自杀，那么事务所就自然会落到库克斯一个人的手里。加姆莱克的唾液里不分泌血液型物质。邮票上验出的 A 型血唾液不是加姆莱克的，而是库克斯的。他虽然知道加姆莱克和他一样都是 A 型血，却不知其中有异，于是他搞到加姆莱克碰过的邮票，再由自己舔后贴到恐吓信上。加姆莱克有用舌头舔印花的习惯，库克斯事先在印花上抹上毒药，这样加姆莱克就会在不知不觉中中毒，然后库克斯再伪装成加姆莱克畏罪自杀的样子，以转移视线。

所罗门王冠

Q31 一天，大实业家松下五郎在家中接到自称是“恶魔滑稽师”的电话，对方看上了他珍藏的“所罗门王冠”。

松下听完脸色苍白。“所罗门王冠”是稀世珍宝，正收藏在他书房的保险柜里。保险柜是特制的，极其坚固。恶魔滑稽师挑衅地说，锁在柜子里不安全，今天将有人来取。

挂上电话后，松下慌忙报了警。十几分钟后，警长率10名警察赶到，全面封锁了现场。

“所罗门王冠放在哪个保险柜里？”警长指着书房的保险柜问。

“平时总寄放在银行的保险柜里，因为明晚有个朋友想来看，才从银行取回来。趁你们在这里，还是确认一下好。”

松下想着恶魔滑稽师的话，一定要看“所罗门王冠”是否还在。松下从保险柜里取出所罗门王冠，王冠五光十色，光彩夺目。“太漂亮了！”警长不由得叫出声来。

突然，房间的灯熄灭了，四周一片漆黑，接着只听窗外一声枪响。警长向窗外大喊一声：“出了什么事？”屋内的人都拥向窗边。在外监视的警察慌张地报告：“角落里突然蹿出一个可疑的身影，朝天开了一枪就跑了。”

很快，屋里又亮起来了。屋子里还是一样——一张颇为豪华的桌子和几个大沙发，以及同样的几个人。

就在这时，松下惊叫起来：“所罗门王冠不见了！”放在桌子上的王冠确实不翼而飞了。“房间都锁着门，所有通道都有人把守……”警察还对在场的5个人都仔细进行了搜身，却依然没有发现王冠。

请问：恶魔滑稽师是如何从戒备森严的房间里盗走王冠的呢？

[A30]

凶手先把保险盒拉开，使屋内处于停电状态，然后把电风扇的开关置于“ON”的位置，把系在电风扇转轴上的钓鱼线穿过房门上的插销槽，系在插销柄上，他站在门外，从门缝中伸进手去，将钓鱼线与插销系在一起。

然后，他悄悄地关上门，合上保险盒。于是电风扇旋转起来，钓鱼线随之卷进风扇轴里，拉动插销柄，使之落进插销槽内。随着拉力的增强，钓鱼线从插销上脱落，被卷进电风扇的轴里看不见了。这样一来，犯罪现场也就成了一间完完全全的密室。

蚂蚁作证

Q32 一天，波洛接到一个案子：大富豪爱森的儿子死了。

大富豪爱森有一个儿子，两个女儿。但昨天，他非常疼爱的儿子被人杀死了。波洛经过询问后了解到了这样的信息：爱森很早就立下遗嘱，把全部财产给了儿子。两个女儿都嫁人了，所以只能得到一笔可观的嫁妆。同时，爱森的儿子为人很好，没有仇人，生前喜欢一个叫萨丽的女孩。据爱森讲，萨丽有个男朋友，有可能为了感情杀死自己的儿子。但是现场找到的凶器——一把刀上，并没有发现任何指纹。

波洛又仔细观察了屋子，发现一个奇怪的现象：一个玻璃杯边缘有些小蚂蚁，经检查，玻璃杯中只是普通的水，而非含糖饮料。他问爱森："你刚才和我说你的二女婿有糖尿病，是吗？"

"是的。"

"爱森先生，我想他可能才是凶手。"

后来，警方证实了波洛的话。你知道波洛是怎么推断出来的吗？

[A31]

恶魔滑稽师已事先潜藏在房中，他将沙发椅掏空潜藏在里面。其助手从窗户外见松下从保险柜中取出了王冠，便拉下电闸造成停电，并以此为信号，指示另一同伙朝天开枪。

当屋内人都拥向窗边时，恶魔滑稽师乘机从沙发椅中悄悄钻出，拿到王冠后逃走，这就是王冠从密室消失之谜。当然，当初给松下打电话，告诉他"锁在保险柜里很不安全"，其实是对松下的一种巧妙的心理诱导。上当的松下害怕起来，于是主动从保险柜中取出了王冠。

拙劣的谋杀

Q33 探长波洛准备去曼彻斯特度假。在火车站，他看到一位身穿黑色长裙的贵妇，正推着坐了一位老人的轮椅慢慢走来。老人蜷缩成一团，表情十分僵硬。

“我能帮您什么吗？”波洛问道。

“谢谢，我想不用了。”贵妇婉言谢绝，她叹了口气说道，“这是我的父亲，他偏瘫已经有一年多了，现在，我打算带他去曼彻斯特治病。”

波洛说：“曼彻斯特吗？正巧我也去那里，要不结伴同行？”

但贵妇婉言拒绝了波洛的好意。她推着轮椅，慢慢消失在人群中。看着她的背影，波洛忽然觉得有点儿不对劲，可到底哪里有问题，却说不上。转眼，上车的时间到了，远处火车呼啸着向站台驶来。突然，尖叫的刹车声响彻车站，刚才那辆轮椅出现在铁轨上，但因躲避不及，轮椅上的老人当场死亡。

警察迅速赶到了解情况，黑衣贵妇哭诉道：“刚才我好端端在等车，谁知道火车进站的时候，一股强大的气流向我吹过来，把我一下子向外吹，我一时站不稳，跌倒在地上。而我父亲的轮椅顿时失去了控制，一下子冲下站台，卡在铁轨上！然后……都是这该死的站台设计，我要告这该死的火车站！”

“女士，很遗憾你说的是假话。”波洛在一旁冷冷地说，“不管你是因为遗产还是其他的原因下这样的毒手，你都不能逃脱法律的制裁。警察先生，你应该立刻拘捕她。”

聪明的读者，你知道波洛是怎么知道她在撒谎的吗？

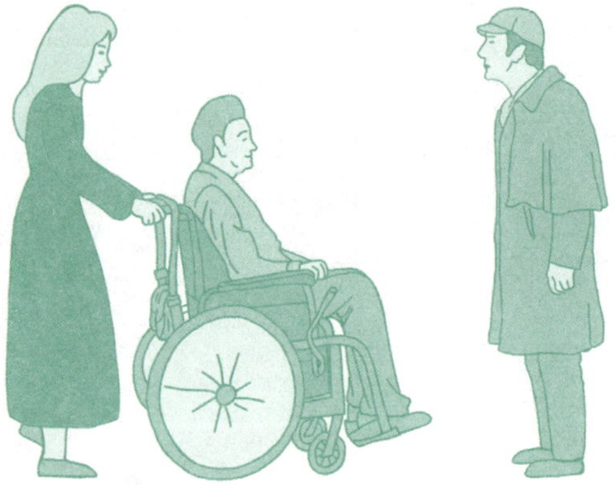

[A32]

因为糖尿病患者的唾液中含有大量的糖分。爱森的二女婿有糖尿病，而且在财产的继承权上也有作案动机。蚂蚁喜欢甜食，玻璃杯上的糖分吸引了一些蚂蚁，波洛就是根据此现象查出了凶手。

聪明的特工

Q34 S国情报部门派出列托夫去谋杀特工凯乐。经过跟踪，列托夫搬到了凯乐住的酒店，在凯乐房间的对面住了下来，他决定晚上动手。

列托夫在自己的手枪上装好消音器，傍晚时分，他用万能钥匙打开了凯乐的房门，进了房间。他打开床头灯，看看床头的闹钟，带有荧光粉的指针显示离凯乐回来还有一个小时，他搜索了一下，然后把灯关了，静静地等着凯乐回来。

15 分钟后，外面传来了凯乐开门的声音。进门时，凯乐稍微迟疑了一下，接着，列托夫就看到一个黑影扑进了卧室，他立刻开枪，准确地击中了那个黑影。

正当列托夫以为大功告成的时候，忽然，他又听到一声枪响，然后一阵剧痛让他倒在地上。凯乐打开灯走了过来，微笑地说道："对不起，刚才进来的是我的衣服。你很不走运，如果不开灯的话，现在倒下的人就是我了。"

聪明的读者，你知道凯乐是怎么知道有人来过的吗？

[A33]

火车进站的时候，由于车速很快，所以会在火车周围形成强大的低气压，但是这样的气压不会将人向后吹倒，反而会把穿宽大衣服的人吸过去。因此，贵妇显然在说谎。而且她送父亲到曼彻斯特治病，竟然没有携带任何行李，这更让人怀疑她早有预谋，治病只是个幌子而已。

偷古钱的凶手

Q35 大财主格罗德邀请了钱币收藏家巴赛德来做客，顺便欣赏对方带来的几枚日本古钱。当晚，两人在书房相谈甚欢，但是不久，巴赛德就发现自己带来的日本古钱丢了三枚，这三枚钱币规格一样，都是直径 3 厘米、厚 2 毫米。

书房里只有他们两个人，巴赛德觉得钱肯定是格罗德偷的。但是格罗德当场脱光了衣服来证明自己的清白，巴赛德检查后，也确实没有找到古钱。

巴赛德仔细回想，当时自己正在用放大镜一个一个地欣赏着格罗德的收藏品，一点儿没有察觉。不过，那期间格罗德一步也未离开自己的书房，更没开过窗户，只是在鸟笼前喂自己的猫头鹰吃肉。所以，偷去的古钱不会被藏到外面去。

巴赛德总觉得猫头鹰可疑，一定是它吞了古钱。但是，格罗德声称自己的猫头鹰肯定不会偷古钱。巴赛德想了一夜，第二天一早，他就和格罗德说希望把猫头鹰剖腹查看。当然，为了防止猫头鹰被调包，巴赛德曾悄悄地在猫头鹰身上剪短了几根羽毛。没想到，格罗德倒是一反常态，答应了要求。可是，剖腹查看的结果是古钱也不在猫头鹰身体里。

那究竟是谁偷了古钱？又把古钱藏在了哪里呢？

[A34]

细心观察对特工来说是最重要的，有时能够挽救自己的生命！带有荧光粉的闹钟方便晚上醒来的时候察看时间。如果长期不用的话，荧光会非常暗淡，甚至看不到，而刚刚被床头灯光线照射过的荧光则非常明亮，所以凯乐一进门，看到荧光很明亮，就知道有人来过了。

铃声藏凶

Q36 一天下午，在英国伦敦的一条街上，有座房子忽然爆炸起火了。

警察和消防队员赶到现场，及时扑灭了大火。经勘察，这场火灾是煤气爆炸引起的，在现场有一具老人的尸体，他是在卧室中被发现的。经过解剖，他的健康状况良好，但在煤气爆炸前服用过安眠药。

在他的卧室中，有煤气管漏气的现象。但让警方百思不解的是，煤气为什么会爆炸？引起煤气爆炸的火星是从哪里来的？

在爆炸之前，这个地区停电了，不可能因漏电而起火。警方怀疑被害人的外甥有作案可能。理由是被害人有大量的宝石和股票，都存在银行里，他立下遗嘱，全归外甥继承。被害人的外甥也许是想早日继承这笔遗产，而被害人却很健康，所以才下了毒手。

而在这所房子爆炸前后，他都不在现场，他是在离现场 10 千米远的一家饭店里。服务员证明，他还在饭店里打过电话，也就是说，老人的外甥不可能是作案者。那么，谁是作案者呢？

电话发明者贝尔了解这个案情后，立即说道："他的外甥肯定是利用电话作案！"

请问：贝尔是如何判断的呢？

[A35]

猫头鹰抓住小鸟或老鼠后是整个吞食的，然后再把消化不了的骨头吐出来。格罗德在食饵肉中夹上三枚古钱喂了猫头鹰，猫头鹰是整吞的。第二天早晨，猫头鹰吐出不消化的古钱，格罗德将它们藏起来，所以巴赛德并不能从猫头鹰腹中发现什么。

呼救信号

Q37 最近，著名的劳尔探长一直在调查市政府官员詹姆森被害的案子。这天黄昏，他驾车来到海边的港口，踏上一只帆船，找到了嫌疑人鲍里金。

鲍里金听劳尔探长说他的朋友詹姆森被人杀害后，惊得嘴里的雪茄差点掉下来。劳尔探长向鲍里金打听，出事的时候——也就是那天下午 2 点至 4 点，他在什么地方。

鲍里金歪着头想了想，说："哦，那天天气很好，中午 12 点，我顺风驾船出海办事，不料船开出两个小时后，发动机就坏了，这时，海面上一丝风也没有，船上又没有桨，我的船被困在大海上，无法靠岸。情急之下，我在船上找到了一块大白布，在上面写上'救命'两个黑色大字，然后把桅杆上的旗子降了下来，再把这块白布升上去。"

"哦？"劳尔探长很有兴趣地问，"有人看见它了吗？"

鲍里金笑着回答："说来我也挺幸运的，大概半小时后，就有人驾着汽艇过来了，那人说他是在 3 英里外的海面上，看见我的呼救信号的。后来，他就用汽艇把我的船拖回了港口，这时候已近黄昏了。"

鲍里金说完，轻轻地呼了口气，谁知劳尔探长却对他说："鲍里金，假如现在方便的话，请马上随我到警局走一趟。"

鲍里金的脸唰地白了："这是为什么呀？"

那么，你知道这是为什么吗？

[A36]

嫌疑犯可以先在老人的电话机上安放一个能使电话线短路的装置。然后，他让老人吃下安眠药，等老人入睡以后，他打开煤气灶的开关，让煤气跑出来，他再乘车到饭店去。
当他估计老人房间里已充满煤气时，就在饭店里打电话到老人家。这时，电话机中通过的电流遇到电话线短路，就会溅出火花，引起煤气爆炸。电灯线和电话线不是同一个线路的，尽管电灯停了电，可电话还是通电的。

同伙的谋杀

Q38 杰克和米勒欠下了巨额债务。他们决定抢劫保险公司每天 17 点准时开出的运钞车，然后带着钱远走高飞。

当日，他俩一起做好准备，按照计划顺利地抢到了钱，然后跳上了早就准备好的摩托车逃走。但路过的巡警恰好目击了此事，他们立刻开着车追赶杰克和米勒。经过一段时间后，杰克和米勒跑到了一个乡村的农田里。他们发现了一座空无一人的农舍，农舍外有口很深的古井，杰克忽然想到了一个办法。他让米勒用防水袋套住钱躲到了水井里，然后扔给米勒一根长 3 米、口径不足 2 厘米的管子供他呼吸，自己到田地里躲藏起来。

但警察利用警犬还是很快找到了他们，只是米勒已经溺死在了井里。

其中一个警察向杰克了解了米勒躲到井下的经过后，对杰克说道："你真是心狠手辣啊，为了独吞钱财杀了他！现在，除了抢劫，你又添了一项故意杀人的罪名！"

聪明的读者，你们知道警察为什么这么说吗？米勒好好地待在井底，为什么说是杰克杀了他呢？

[A37]

白布和旗子一样，没有风绝对不可能飘起来，人们当然也就无法看清楚上面的字。鲍里金正是在这个问题上露出了马脚。

血疑

Q39 传媒大亨约翰的大儿子布鲁斯，在高尔夫俱乐部的更衣室里被害。现场留下了一滩血迹。经过警方鉴定，布鲁斯衣服上留下的血迹中，不仅有他自己的 A 型血，还有另一种 AB 型血。这很可能就是凶手留下的，那么，凶手到底是谁呢？

警方在调查中发现，布鲁斯的弟弟库克斯正为争夺继任父亲公司总裁的位置和布鲁斯闹得不可开交，而库克斯在案发当天神秘失踪了，他的血型无法确定。

另外，布鲁斯的夫人安娜是 B 型血，因此虽然更衣室里发现了她的指纹，但可以排除她作案的可能。值得注意的是，安娜的哥哥弗吉在案发第二天也消失了，所以他的血型也无法确定下来。同时，经过法医鉴定，约翰是 O 型血，他的夫人是 AB 型血。

那么，你能判断出谁是凶手吗？

[A38]

管子口径只有不足 2 厘米，却有 3 米长，这样狭窄的空间根本无法完成空气交换，米勒吸入的正是他自己呼出的气体，所以在井里溺死了。杰克想借这个机会除掉米勒，自己独吞劫款，可他的奸计还是被聪明的警察识破了。

妙拆高空炸弹

Q40 一架大型客机的机翼上被人绑上了气压炸弹，只要飞机从 10 000 米高空下降到海拔 2 000 米以下，炸弹就会把飞机炸成碎片！

而在 10 000 米高空，根本无法拆除炸弹，而飞机不可能永远不降落，油是会耗尽的。难道只能束手待毙吗？乘警连忙将这个消息告诉了机长，机长思索了一会儿，果断地掉转了航向。

一个小时后，飞机呼啸着降落在机场，全体人员安然无恙。那个灵敏的气压炸弹怎么会没有爆炸？

聪明的读者，你知道吗？

[A39] 凶手是同样有着 AB 型血的弗吉

在案件侦破过程中，血型是非常重要的线索，根据科学规律，血型是可以推导的，这对案件侦破具有非同寻常的意义。根据血型学的研究，父母的血型与子女的血型，只能存在以下关系：

父母血型	子女血型
O×O	O
O×A	A 或 O
O×B	B 或 O
A×A	A 或 O
B×B	B 或 O
A×B	A、B、AB 或 O
A×AB	A、B、AB
B×AB	A、B、AB
AB×AB	A、B、AB
O×AB	A 或 B

约翰是 O 型血，而他的夫人是 AB 型血，这样，库克斯就只可能是 A 型血或者 B 型血，所以他不是凶手，凶手是同样有着 AB 型血的弗吉。

蛇毒命案

Q41 事情发生在日本。一个晴朗的日子，一对喜欢徒步旅行的夫妇到京都郊外去采集早春的山野菜。当他们走到一个小池塘边上的杂木林里时，突然发现地上倒着一个中年妇女的尸体，于是他们惊慌地报了警。

这个中年妇女看上去也是来采山野菜的，她采到的山野菜都装在了塑料袋里。经过初步鉴定，死亡时间为两三天以前，但在尸体上却找不到明显的外伤。

为慎重起见，警察把尸体交给大学医院解剖，医生们通过解剖发现，死者的血液里含有大量的卵磷脂酶。

所谓的卵磷脂酶就是蛇毒，这种毒液进入身体的血液后，血清中的磷脂便分解成卵磷脂，杀死大量红细胞，以致夺去人的生命。果然，在死者的左腿小腿上发现有两处被蛇咬伤的痕迹。

当警察把这一情况报告给署长时，署长却发出疑问："不可能！即使死因是蛇毒，但也不是在这里被毒蛇咬死的，这是巧妙作案的杀人事件。罪犯将蛇毒注射到被害人的体内，再将尸体扔到杂木林里，伪装成被蛇咬的现场。而像被蛇咬过的小小的伤痕，一定是用针注射的痕迹。"

请问：署长是根据什么下了这个结论呢？

[A40]

既然气压炸弹是在海拔 2 000 米以下爆炸，那么只需选择在海拔 2 000 米以上的高原着陆，就能挽救全机乘客的生命。比如墨西哥城，海拔高达 2 300 米，飞机选择在那里降落是安全的，不需要采取另外的防护措施。

[A41]

采早春的山野菜是在农历的正月或二月，此时还是冬季末，天气寒冷。在温带气候生息的蛇类，是靠冬眠度过漫长而寒冷的冬天，所以，冬季里的蛇是不会袭击人的。

Part 5
超权威综合能力测试

该填哪一个字母

Q1 按照图中字母排列的逻辑，问号处该填哪一个字母？

天平倾向哪边

Q2 这真是一个炎热的夏天，气温高达39℃，西瓜肯定能卖一个好价钱。一个瓜贩子为了好卖瓜，他在天平的一端放了个西瓜，另一边放了一块大冰块，天平刚好平衡。在天平的旁边，他还特意放了一个大冰柜，开始叫卖“冰冻西瓜”。如果天平一直这样放着，最后会倾向哪边？

求婚计划

Q3 在一次聚会上，费德勒先生对一个名叫黛丽的女孩儿一见钟情，他很想和她交朋友，但是他却不清楚黛丽究竟有没有男朋友。这次聚会一共有 19 个人来参加。来人的具体情况如下：

①有 7 个人是单独一人来的，其余的都是和伴侣一起来的。和伴侣一起来的，或是双方已相互订婚，或是已结婚。

②凡单独前来的女士都没有订婚。

③凡单独前来的男士都不处于订婚阶段。

④参加聚会的男士中，处于订婚阶段的人数等于已经结婚的人数。

⑤单独前来的已婚男士的人数和单独来的尚未订婚的男士的人数相等。

⑥在参加聚会的已经结婚、处于订婚阶段和尚未订婚这三种类型的女士中，黛丽属于人数最多的那种类型。

还没有订婚的费德勒先生不知道黛丽属于哪一类型的女士，你看看他还有机会吗？

[A1] M

每个大三角形中的字母排列规律是，按照字母表顺序，沿顺时针方向，每两个字母之间均间隔 3 个字母。

[A2] 天平最终是平衡的

冰在高温下一融化，另一端的西瓜就会下沉滚走，冰化成水后也会流走，剩余的水也在高温下蒸发了，天平最后依然保持平衡。

找出异常的小球

Q4 有 12 个小球特征相同，其中只有一个重量异常（轻或重都有可能），现在要求用一个没有砝码的天平称 3 次，将那个重量异常的球找出来。想想该怎么称？

[A3]

根据题目信息可以推测出有 6 对伴侣。如果 x 是已婚女士的人数，那么 $6-x$ 等于处于订婚阶段的女士的人数，还等于处于订婚阶段的男士的人数，还等于已婚男士的人数。如果 y 是单独前来的已婚男士的人数，那么已结婚而和夫人一起来的男士的人数加上单独来的已结婚的男士的人数，等于已婚男士的总人数：$x+y=6-x$。于是，单独前来的已婚男士的人数等于 $6-2x$。

聚会上没有订婚的女士的人数，则等于：$7-(6-2x)-(6-2x)$，即 $4x-5$。由于 $4x-5$ 等于还没有订婚的女士人数，所以 x 不能等于 0，或者 1。费德勒先生是还没有订婚的男士，于是 x 不能大于 2，否则还没有订婚的男士的人数（$6-2x$）将成为 0，甚至是负数，所以 x 必定等于 2。因此，这次舞会上有 2 位已婚的女士、4 位处于订婚阶段的女士和 3 位还没有订婚的女士。而黛丽是一位已经订婚还没有结婚的女士。由此看来费德勒先生只能把这一见钟情埋藏在心底了。

隐藏在儿歌里的谜题

Q5 读下面的儿歌，回答下面的问题：

好吃的肉松大面包，
又热又香又甜，
一个铜板买一块，
一个铜板买两块，
女儿们不爱吃，
那就买来哄儿子！
一个铜板买两块，
一个铜板买三块，
我的女儿和儿子一样多，
给他们七个铜板买来吃。

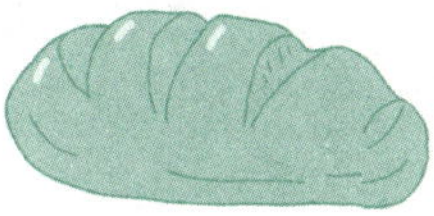

假定每个孩子拿到的面包种类与数量都一样，那么每个孩子买了多少块面包？共有几个男孩？几个女孩？

[A4]

将 12 个球分别编号为 1 ~ 12，再把球分成 A、B、C 三组，每组 4 个球。A 组为 1、2、3、4；B 组为 5、6、7、8；C 组为 9、10、11、12。取 A、B 两组在天平上称，有两种可能：
第一种可能是：1、2、3、4 和 5、6、7、8 相等，那这个球在 9、10、11、12 中，第二次取 9、10、11 与 1、2、3 相称。
如果 9、10、11 与 1、2、3 相等，则为 12，第三次可判断其轻重。
如果 9、10、11 与 1、2、3 不相等，可知道此球的轻或重，第三次则取 9 和 10 相称，如相等，则是 11，如不相等，则根据上一步的重量判断结果，找出其中之一。
第二种可能是：1、2、3、4 和 5、6、7、8 不相等。要先弄清楚是哪一边重，再看第二步。
第二步假设是 1、2、3、4 这边重，将 1、2、5 与 3、4、6 拿来称。
如果相等，则在 7、8 中，且异常球是轻的，第三次只要将 7 和 8 拿来称，哪个轻就是哪个。
如果不相等，要是 1、2、5 这边重，则第三步拿 1 与 2 相称，如果 1 和 2 相等，则这个球肯定是 6，如果 1 和 2 不相等，则是其中更重的一个，反之亦然。

旅客的办法

Q6 一个旅客带了一根钢管要上飞机，钢管直径 2 厘米，长度 1.7 米。可在上飞机前，旅客被告知：随身携带的货物其长、宽、高都不准超过 1 米。旅客想出了一个办法，很巧妙地将钢管带上了飞机。你知道他是怎么做的吗？

剪多少刀

Q7 在一张正方形的纸片上，有 900 个点，加上正方形的 4 个顶点，共有 904 个点。这些点中任意 3 个点不共线，将这纸剪成三角形，每个三角形的三个点是这 904 个点中的点，每个三角形都不含这些点。可以剪多少个三角形？共剪多少刀？

提示：先沿正方形的对角线把它剪成两个三角形，之后，在任意一个三角形内增加一个点，它与三角形的三个顶点可以构成三个三角形，增加了两个三角形，以此类推。

[A5] 共有 3 个男孩，3 个女孩，他们每人得到一块一个铜板可买两块的面包和两块一个铜板可以买三块的面包

共有三种大小的面包：一种一个铜板买一块，另一种一个铜板买两块，还有一种一个铜板买三块。男、女孩子一样多，一共给了他们七个铜板。

称重量

Q8 现在将 A、B 两小球放在天平的一侧，另一侧放上 C、D 时，两边相等。如果将 B 球和 D 球互换位置后，天平向 A、D 一边倾斜；当天平一边放上 A、C，另一边只单独放上 B，天平就向 B 的一边倾斜。你能猜出这四个小球的重量顺序吗？

两个圆环

Q9 两个圆环的半径分别是 1 和 2，小圆在大圆内部沿大圆圆周绕一周，问小圆自身转了几周？如果在大圆的外部，小圆自身转几周呢？

[A6]

旅客将钢管装在一个长、宽、高均为 1 米的货运箱子，因为 1 米的立方体其对角线长刚好超过 1.7 米，所以能把钢管带上飞机。

[A7] 1 802 个三角形，2 701 刀

先沿正方形的对角线把它剪成两个三角形，然后在任意一个三角形内增加一个点，它与三角形的三个顶点可以构成三个三角形，增加了两个，所以，共可以剪下：$900 \times 2 + 2 = 1\,802$ 个三角形；剪的刀数：将正方形剪成两个三角形需要剪一刀，之后每增加一个点都需要剪三刀，所以，共需要剪：$900 \times 3 + 1 = 2\,701$ 刀。

体育活动

Q10 一群体育爱好者有 50 人，其中 35 人会游泳，38 人会骑车，40 人会溜冰，46 人会打乒乓球。那么，这 50 人中，至少有多少人以上四项活动都会？

烤饼

Q11 有一种烤锅一次只能烤两张饼，烤一面所需要的时间是 1 分钟。你能在 3 分钟的时间里烤好 3 张饼吗？注意：饼的两面都需要烤。

[A8] D>B>A>C

按题干条件：
① A、B=C、D；
② A、D > B、C（隐含条件：D > B，A > C）；
③ B > A、C。
按此排序：D>B>A>C。

[A9] 在内部转 1 周，在外部转 3 周

可以这样想：把大圆剪断拉直。小圆绕大圆圆周一周，就变成从直线的一头滚至另一头。因为直线长就是大圆的周长，是小圆周长的 2 倍，所以小圆要滚动两圈。但是现在，小圆不是沿直线而是沿大圆滚动，小圆因此还同时作自转，当小圆沿大圆滚动 1 周回到原出发点时，小圆同时自转 1 周。当小圆在大圆内部滚动时，自转的方向与滚动的转向相反，所以小圆自身转了 1 周。当小圆在大圆外部滚动时，自转的方向与滚动的转向相同，所以小圆自身转了 3 周。

债务关系

Q12 甲、乙、丙、丁 4 人是好朋友。有一天，甲因为要办点事情，就向乙借了 10 元钱，乙正好也要花钱，就向丙借了 20 元钱，而丙自己的储蓄实际上也并不多，就向丁借了 30 元钱。有一天，丁刚好在甲家附近买书，就去找甲借了 40 元钱。恰巧又有一天，4 人决定一起出去逛街，乘机也将欠款一一结清。

请问：他们 4 人该怎么做才能动用最少的钱来解决问题呢？

属于哪一个家庭

Q13 在拉拉的 13 岁生日会上，来了 12 个小孩，他们分别来自甲、乙、丙 3 个不同的家庭，当然也包括拉拉及其所在的家庭。这 12 个孩子中，除了拉拉 13 岁外，其余的都不到 13 岁，而且每个孩子的年龄都各不相同。在 1 ~ 13 这 13 个数字中，除了某个数字以外，其余的数字都表示某个孩子的年龄。把每个家庭孩子的年龄加起来，得出以下结果：

甲家庭：年龄总数 41，包括一个 12 岁。

乙家庭：年龄总数 23，包括一个 5 岁。

丙家庭：年龄总数 21，包括一个 4 岁。

请问：拉拉属于哪一个家庭？

[A10] 至少有 9 人以上四项活动都会

不会游泳的有 50 − 35 = 15 人；不会骑车的有 50 − 38 = 12 人；不会溜冰的有 50 − 40 = 10 人；不会打乒乓球的有 50 − 46 = 4 人。所以有一个项目不会的人最多是 15 + 12 + 10 + 4 = 41 人，因此四项运动都会的至少有 50 − 41 = 9 人。

[A11] 能

假设 3 张饼分别为 1、2、3，烤饼的具体步骤为：先将 1 和 2 两张饼各烤一分钟，然后把 1 饼翻过来，取下 2 饼，换成 3 饼；一分钟后，取下 1 饼，将 2 饼没有烤过的一面贴在烤锅上，同时将 3 饼翻过来烤。

猜数问题

Q14 一天，老师给三个学生的脑门上各贴了一张纸条，每个人可以看见另两个数，但看不见自己的，然后，老师告诉他们，你们每个人的纸条上都写了一个正整数，且某两个数的和等于第三个！

第一轮老师问学生甲：你能猜出自己的数吗？回答：不能。

问学生乙，回答：不能。

问学生丙，回答：不能。

第二轮再问学生甲，回答：不能。

问学生乙，回答：不能。

问学生丙，回答：我猜出来了，144！

那么，另外两个学生的数字是多少？

提示：因为某两个正整数的和等于第三个，所以三个学生都知道自己的数字是另外两个正整数的和或差，非此即彼。

[A12]

只要让乙、丙、丁各拿出 10 元钱给甲就可以了，这样只动用了 30 元钱，否则，每个人都按照顺序还钱的话，就要动用 100 元钱。

[A13] 拉拉属于乙家庭

1 ~ 13 的和是 91，三个家庭的年龄之和是 85，二者之差为 6，即这 13 个孩子中没有 6 岁的。然后以年龄之和最小的丙家庭为突破口，除去甲、乙、丙三个家庭中的 12、5、4，和为 21 的所有组合有两组：1、4、7、9 和 2、4、7、8，所以 7 一定在丙家庭。然后再看年龄之和次小的乙家庭，除去已知的 12、5、4、7 属于哪个家庭，年龄之和为符合条件的组合只有 2、3、5、13，所以拉拉属于乙家庭。

拉马顺序

Q15 有人把A、B、C、D 4匹马从P村拉到Q村。而从P村到Q村，A要走1小时、B要走2小时、C要走4小时、D要走5小时。

现准备一次同时拉走2匹马，回来时还要骑回来1匹马。2匹马带过去，以走得慢的那1匹马所需要的时间作为P村到Q村的时间。据说，有人花了12个小时把全部马拉走了。请问，他按什么顺序把这4匹马牵到Q村的呢？

提示：考虑此题时重要的有两点：一是C、D要同时走，因为以走得慢的马所需时间计算，只有这样才能有利于节约时间；二是回来时要骑跑得快的马，C和D绝对不行，A最好。

猪圈问题

Q16 一个农夫有21头猪，他想把它们圈在一个矩形的猪圈里，并且在这个猪圈内部用篱笆隔成4个小猪舍，使每一个猪舍里都有偶数对猪再加上一头猪。请问，这种猪圈该怎么建呢？

[A14] 36、108

设学生甲的数字为x，学生乙的数字为y。假设$x=y=72$，学生丙第一轮即可说出答案。因为学生丙会想：72与72的差为0不是正整数，所以自己的数字一定是144。
假设$x=48$且$y=96$，学生丙第一轮即可说出答案。因为学生丙会想：48与96的差为48，和为144；如果自己的数字是48，我和学生甲的数都为48，学生乙第一轮即可说出答案，所以自己的数字一定是144。
假设$x=36$，$y=108$，学生丙第一轮即可说出答案。因为学生丙会想：36与108的差为72，和为144；如果自己的数是72的话，学生乙在已知36和72条件下，会这样推理："我的数应该是36或108，但如果是36的话，学生丙应该可以立刻说出自己的数，而学生丙并没说，所以应该是108！"然而，在下一轮，学生乙还是不知道，所以自己的数只能是144！
因此$x=36$，$y=108$成立。由此可知$x=108$，$y=36$也成立。

摆杯子游戏

Q17 需要8个酒杯，其中4个是空杯子，4个装了一些酒（如图），请动两次杯子，最后令空杯子和有酒的杯子间隔排列。

你知道要怎么动这些杯子吗？

聪明的报童

Q18 一位女士在花店买了一束价值34美分的花。她有一张1美元、一张3美分和一张2美分的钞票，而店主只有一枚50美分和一枚25美分的硬币，不能给这位女士找零钱。正在为难时，花店里进来一位聪明的报童，他有两张10美分、一张5美分、一张2美分和一张1美分的钞票，小男孩用他的聪明才智解决了难题，最后，三个人都拿到了应得的钱。

你知道怎么解决这个问题吗？

[A15]

根据提示，最佳顺序是：①把A和B牵到Q村（2小时）。②骑上A，回到P村（1小时）。③把C和D牵到Q村（5小时）。④骑上B，回到P村（2小时）。⑤最后把A和B牵到Q村（2小时）。或者把第2步和第4步调换过来也可以。

[A16]

采用层层嵌套的方法，把一个猪舍套在另一个猪舍里头，如图：

围果园

Q19 有一片正方形的果园，每边 100 米。水果快成熟了，农夫怕有人摘水果，想用铁丝网将果园围起来。农夫在果园的边界上每 10 米插一根大柱子。你帮他算一算，要用多少根柱子？

黑夜过桥

Q20 一天黑夜，A、B、C、D、E 五个人只有一盏灯，必须拿着灯在 30 秒之内过一座桥。并且，A 过桥要 1 秒，B 要 3 秒，C 要 6 秒，D 要 8 秒，E 要 12 秒，而且这座桥每次最多可过两人。那么，这几个人要如何过桥呢？

[A17]

拿起 5、7 两个杯子，把两杯酒分别倒进 2、4。

[A18]

他们把所有的钱全放在一起，店主拿走一张 1 美元、一张 5 美分和两张 2 美分的钞票；女士拿走 50、10、10 和 1 美分的钞票；男孩拿走 25 美分的硬币和 3 美分的钞票。

怎样分才公平

Q21 兄弟 4 人继承了一份遗产，遗产如图所示，有土地、4 棵果树和 4 所房子。遗产必须要公平分配。请问，怎么分才能让 4 位兄弟每人分到相同面积的土地，并且每人都有一所房子和一棵树？

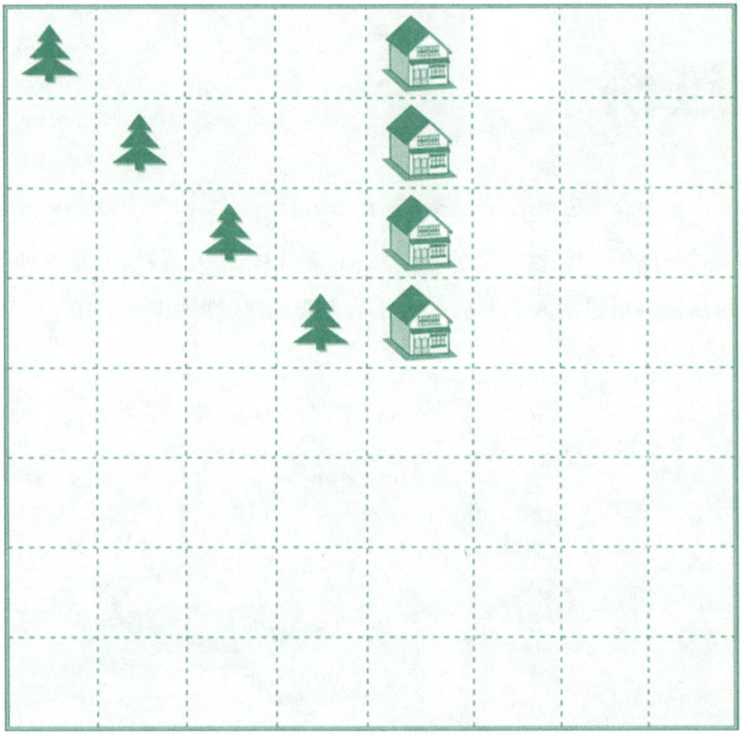

[A19] 40 根柱子

也许你会想过头，以为只要 36 根柱子，即每边 10 根，再减去 4 个角的 4 根柱子。你仔细想一想，其实每边有 11 根柱子，才能使每两根之间保持 10 米，这样应是 44–4=40。

[A20]

第一步，A 与 B 过桥，A 拿着灯回来，耗时 4 秒；第二步，A 与 C 过桥，B 拿着灯回来，耗时 9 秒；第三步，D 与 E 过桥，A 拿着灯回来，耗时 13 秒；最后，A 与 B 过桥，耗时 4 秒，总共耗时 30 秒。

拼方块

Q22 将给出的数个小方块拼成一个大正方形。要求：大正方形的每一行、每一列必须包含 1 ～ 9 这几个数字。

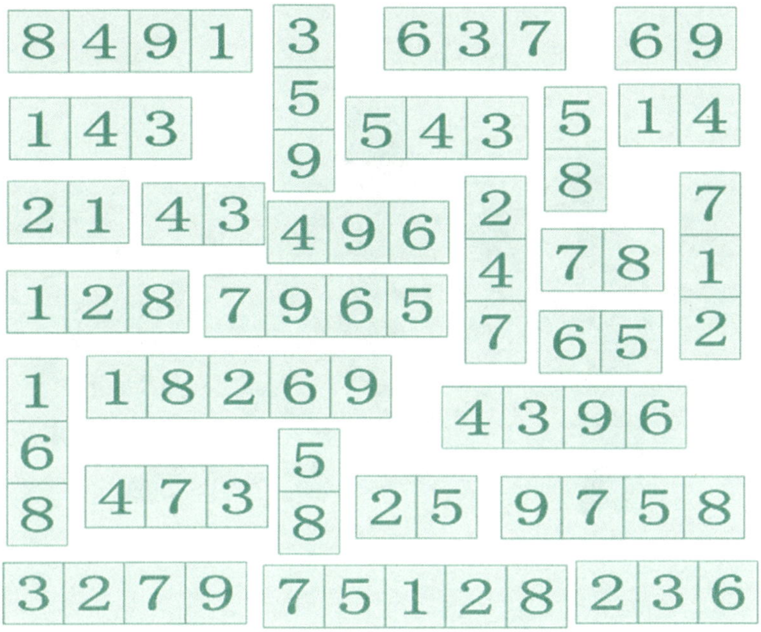

[A21]

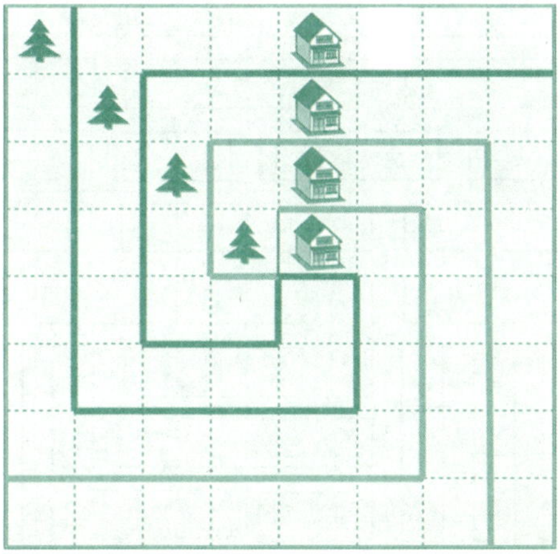

最低资费

Q23 一个人从甲地到乙地去，不同路段所用的交通费用不同，图中每条路线都标明了费用，你能找出最省钱的路线吗？费用是多少？

[A22]

8	4	9	1	6	3	7	2	5
7	5	1	2	8	4	3	9	6
2	3	6	9	7	5	8	1	4
6	9	5	4	3	2	1	7	8
1	2	8	7	9	6	5	4	3
4	7	3	5	1	8	2	6	9
3	1	2	8	4	9	6	5	7
5	6	4	3	2	7	9	8	1
9	8	7	6	5	1	4	3	2

三“V”数列

Q24 给下面的问号处填上恰当的数字。

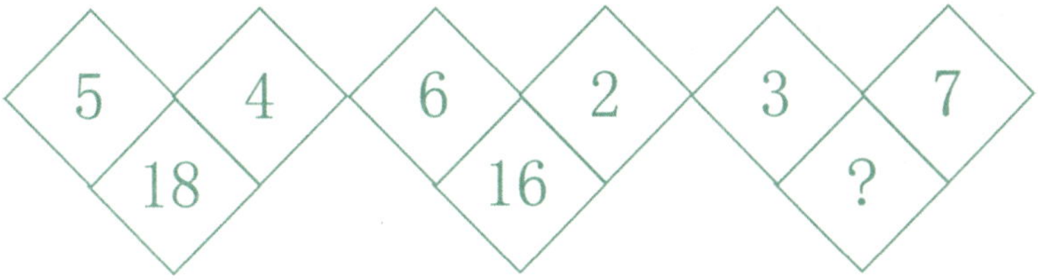

口味不同

Q25 一家四口人的晚饭是小黄鱼和炸土豆丝，但一家人的口味都不一样。其中父亲要吃 8 条炸 6 分钟的小黄鱼和炸 2 分钟的土豆丝；母亲要吃 5 条炸 12 分钟的小黄鱼和炸 4 分钟的土豆丝；姐姐要吃 4 条炸 10 分钟的小黄鱼和炸 5 分钟的土豆丝；弟弟要吃 6 条炸 15 分钟的小黄鱼和炸 4 分钟的土豆丝。如果这家人只有一个炸锅，那么，做这顿饭至少需要多长时间？

[A23] 只要 13 元，如图所示：

怪老头的玩意

Q26 小区门口有一位老头经常坐在一个刻有 16 个小方格的桌子旁，桌子上面放了 10 个棋子。他每天都拿着棋子在桌子上移来移去。有一天，有人问他在干什么，他说他在尝试用 10 个棋子摆出最多的偶数行，即横排、竖排和斜排上的棋子都是偶数。路人一听完，两三下就排出了 16 行，并且自称偶数行是最多的。你知道他是如何摆放棋子的吗？

交点个数

Q27 5 条直线可以相交于 9 个不同的点。你知道 5 条直线最多能相交于几个点吗？

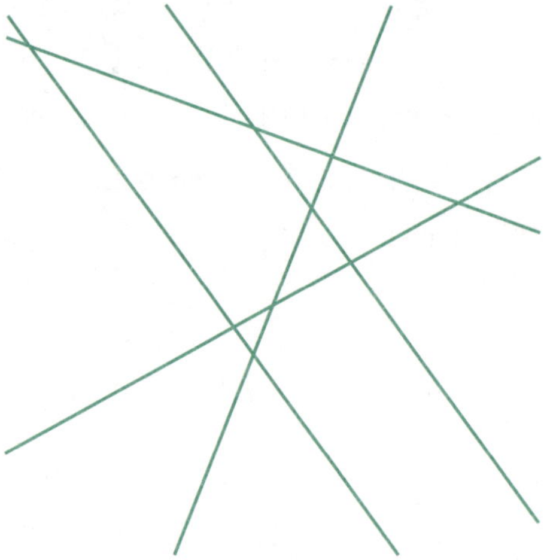

[A24] 20

这是一组数列题，上面两个数字相加，再乘以 2，即为下面数字。

[A25] 需要 15 分钟

把 23 条鱼和适量的土豆丝一起炸，在各人希望的时间里捞出各人要吃的量即可。

几条路线

Q28 请问有多少种不同的路线可以从 A 处到达 B 处？

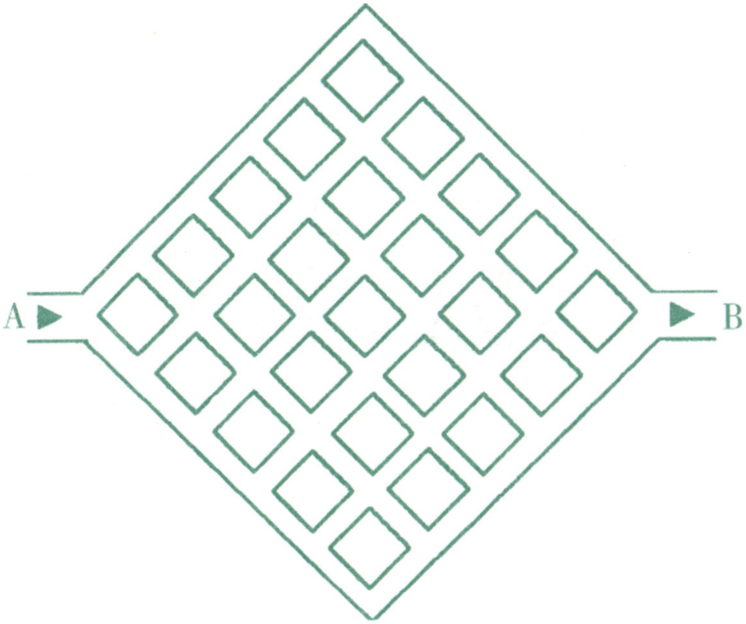

[A26]

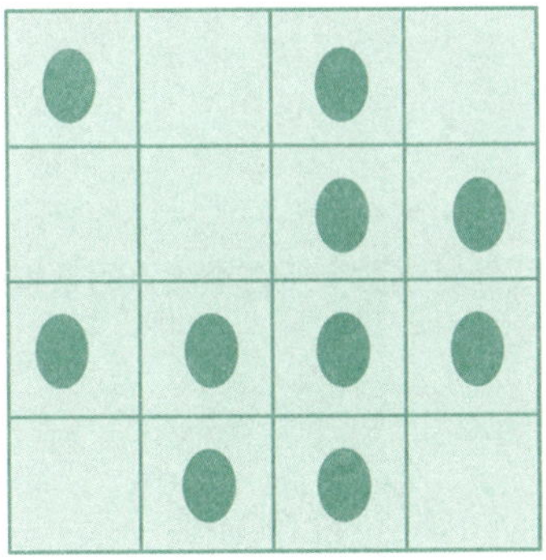

[A27] 5 条直线最多有 10 个交点

要使交点的数目最少并不难：让所有的线都平行。而使交点的数目最多就要难得多了。两条线只能交于一点；3 条线交于 3 点；4 条线交于 6 点，以此类推。所有你需要的就是避免让任意两条直线相互平行——最终任意两条线都会相交。因此，对于 5 条直线而言，最多有 10 个交点。

高速行驶更安全吗

Q29 统计资料表明：大多数汽车事故出在中等速度的行驶中，极少的事故是出在大于 150 千米 / 小时高速行驶的速度上。这是否就意味着高速行驶比较安全？

选票

Q30 假定有这样一个民意测验：有 3 个候选人竞选班长，选举中有 2/3 的人愿意选 A 不愿意选 B，有 2/3 的人愿意选 B 不愿意选 C。这是否说明愿意选 A 的人比不愿选 C 的人多？

[A28] 一共有 252 种路线

下图中的数字表示所有可能的路线经过该数字所在交叉点的累积次数。

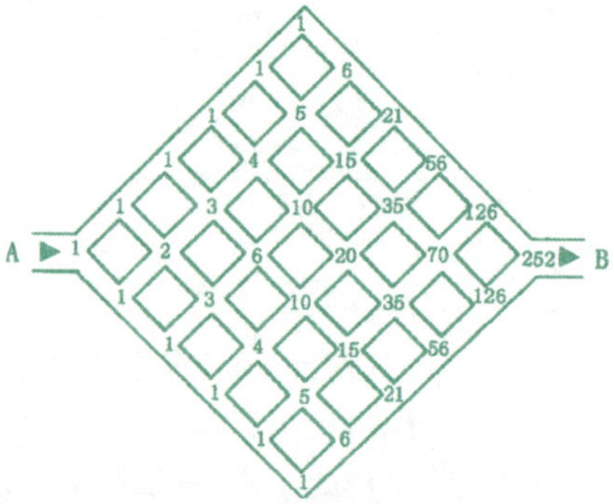

从中取利

Q31 甲国和乙国是两个相邻的国家，但它们之间的关系很不好。有一天，甲国制订了一条法律：“从今以后，乙国的一块钱等于我国的九毛钱。”

乙国也不甘示弱，公布了一条新法律：“从今以后，甲国的一块钱等于我国的九毛钱。”

这时，有一个住在国界附近的商人想利用这个机会大捞一笔，结果他成功了。

请问：他是用什么方法赚到钱的呢？

愚蠢的厂长

Q32 目前新上市三种机器设备：一种机器设备可以节省20%燃料；一种机器设备可以节省30%燃料；一种机器设备可以节省50%燃料。有位厂长知道此事后，就想：如果我三种机器设备都使用的话，加起来就可以节省100%的燃料了。

怎样告诉这位愚蠢的厂长这是根本不可能的？

[A29] 绝不是这样

统计关系往往不能表明因果关系。由于多数人是以中等速度开车，所以多数事故是出在中等速度的行驶中。

[A30] 不一定

如果选举人像题目中那样选举，就会引起一个惊人的逆论。我们用下面的情况就可以证明这一点。

甲（男）：我是A。选举人中有三分之二喜欢我，不喜欢B。

乙（女）：我是B。三分之二的选举人喜欢我，超过C。

丙（男）：我是C。三分之二的选举人喜欢我，超过A。

通过这一推论，显然题目不能成立。

倒硫酸

Q33 一个不规则的透明玻璃瓶，上面只刻着 5 升、10 升两个刻度，而里面装了 8 升硫酸，现在需要从中倒出 5 升，别的瓶子上都没有刻度，硫酸的腐蚀性又大，那么，用什么办法一次就能准确地倒出需要的量？

有多少水

Q34 有一个圆柱形的水桶，里面盛了一些水。林林看了说，桶里的水不到半桶；可可则说桶里的水要多于半桶。现在要求不使用其他工具，你能想出办法判断他们俩谁对谁错吗？

[A31]

首先，他在甲国买 10 元的东西，用 100 元钞票付账，然后跟卖东西的人说"请找给我乙国的 100 元。"如果是用甲国的钱，只能找回 90 元，但用乙国的钱就得找 100 元了。

这个商人又拿着找回的 100 元到乙国去，然后又买了 10 元的东西，并且仍按之前的说法："请找给我甲国的 100 元。"然后他再回到甲国，如此重复做这件事，就赚进了许多钱。

[A32]

任何一种新发明的机器都不可能 100% 节省燃料，因为机器在工作的时候就必须要消耗能量。如果单独使用每一种机器可以节省一定量的燃料，并且这种节省是与其他两种机器无关的话，那么三种机器同时使用是可以比使用一种机器节省更多的燃料，但不会节省 100%。

哪一种推断更准确

Q35 一个男孩有一个玻璃球，一个女孩有两个玻璃球。他们向竖在地上的一根立柱弹球，玻璃球最接近立柱者胜。假定男孩和女孩的技巧完全相同，测量也足够精确而不会引起纠纷。女孩赢的概率是多少？

观点 1：女孩弹两个玻璃球，男孩只弹一个，因此女孩赢的概率是 2/3。

观点 2：把女孩的玻璃球叫作 A 和 B，把男孩的玻璃球叫作 C，会出现四种可能的情况：

① A 球和 B 球都比 C 球更接近立柱。

②仅 A 球比 C 球接近立柱。

③仅 B 球比 C 球接近立柱。

④ C 球比 A 球和 B 球都接近立柱。

这四种情况中三种都是女孩赢，所以女孩赢的概率是 3/4。

请判断一下哪种观点更准确？

[A33]

往瓶里放大小不同的玻璃球，使液面升到 10 升的刻度处，然后往外倒至 5 升刻度处。这是利用玻璃球不被硫酸腐蚀的特点。

[A34]

把桶半倾斜，如果水盖不住桶底又没有溢出来，说明少于半桶；如果持平，则刚好是半桶；如果水溢出来，则说明水多于半桶。

该填什么牌

Q36 看下面的图形分布规律，想一想问号处应该填什么牌？

[A35] 观点 1 更准确

为了解决这个问题，我们列出全部可能的情况，它是六种而不是四种。按三个球接近立柱的次序，使最近者在前，列表如下：

A	B	C
A	C	B
B	A	C
B	C	A
C	A	B
C	B	A

在这六种情况中，有四次是女孩赢。这就证明了第一种观点是对的，女孩赢的机会是 4/6 ＝ 2/3。

巧切西瓜

Q37 夏天，爸爸从外面买来一个大西瓜，明明立即拿着刀说他要来切。爸爸则要求如果明明能 4 刀把西瓜切成 15 块，就让他切。明明想了很久也没有想出来怎么切，看来这个西瓜只能由爸爸来切了。

亲爱的朋友，你能帮帮明明吗？

小猴的游戏

Q38 聪明的小猴拿着 10 根火柴在院子里摆弄不停。小兔子问它在干什么，小猴说它要完成妈妈交给它的任务：用 10 根火柴拼成一个含有 10 个三角形、2 个正方形、2 个梯形和 5 个长方形的图形。可小猴怎么拼也达不到妈妈的要求，小兔子一把接过它手中的火柴，两三下就拼成了。你知道小兔子是怎样拼的吗？

[A36] 红桃 3

仔细看可以看出，每一列的第一个数加上第三个数，然后再减去 1，就是中间的数。

建房子

Q39 在格子图中，树和房子的数量是相同的，房子在每行、每列出现的数量由格子旁边的数字决定。如右边的数字为1，则表示在这一行中1个格子里有房子。空白格子为房子出现的区域，每一所房子都坐落在它所拥有的树旁边，但不能是斜边。并且，房子不可以彼此相邻，每一棵树只能有一所房子。每个格子只能有一所房子或一棵树。你能将格子中房子的位置标出来吗？

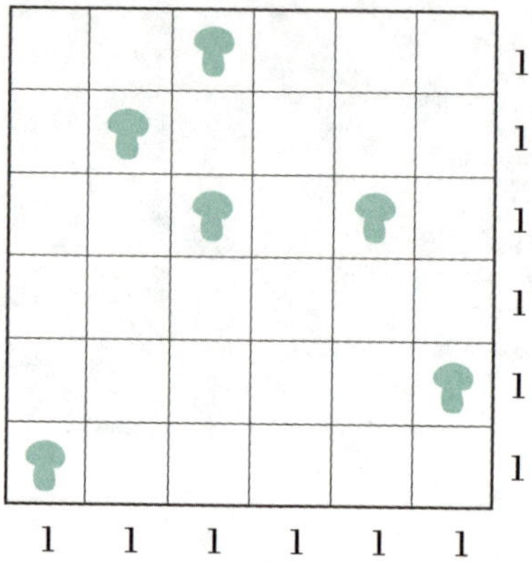

[A37]

横着切一刀，竖着切一刀，把西瓜分成了4块，再从这4块中部水平切一刀，就把西瓜切成了8块；再在靠近西瓜中心的位置再斜切一刀，在8块中，这一刀可以切成7块，这样就成了15块。

[A38]

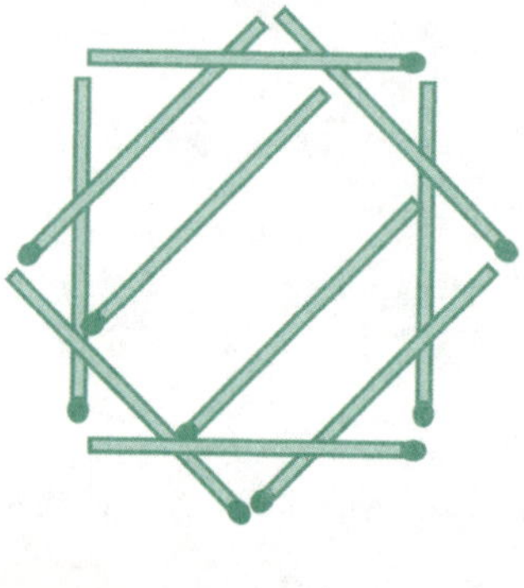

鸵鸟蛋

Q40 甲、乙、丙、丁 4 个人暑假里到 4 个不同的岛屿去旅行，每个人都在岛上发现了鸵鸟蛋（1 个到 3 个）。4 个人的年龄各不相同，从 18 岁到 21 岁。

目前只知道下列情况：

①丙是 18 岁。

②乙去了 A 岛。

③ 21 岁的男孩发现的蛋的数量比去 A 岛男孩的少 1 个。

④ 19 岁的男孩发现的蛋的数量比去 B 岛男孩的少 1 个。

⑤甲和去 C 岛的男孩，有一个发现了 2 个蛋。

⑥去 D 岛的男孩发现的蛋比丁发现的蛋要少 2 个。

请问：他们分别是多少岁？分别在哪个岛上发现了多少个鸵鸟蛋？

[A39]

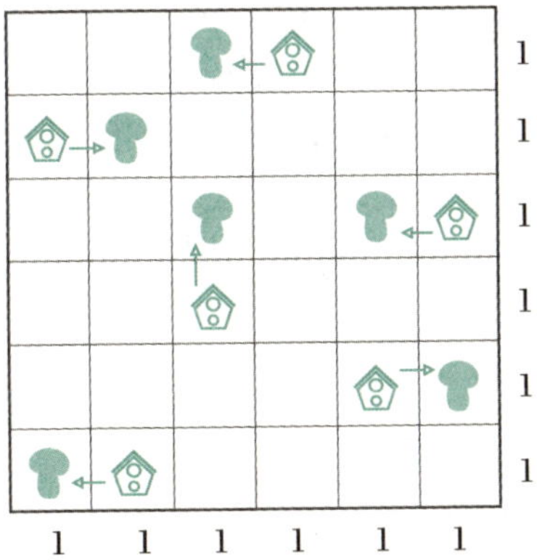

六边形的桌子

Q41 A ~ F 六个人围着一个六边形的桌子而坐，如图。图中已经填好了 A 和 B 的位置，请根据下面的提示，依次把其他人的空位填满。

①A 坐在 B 右手边隔一个空位的位子上。

②C 坐在 D 的正对面。

③E 坐在 F 左手边隔一个空位的位子上。

那么，如果 F 不是坐在 D 的隔壁，A 的右边会是谁呢？

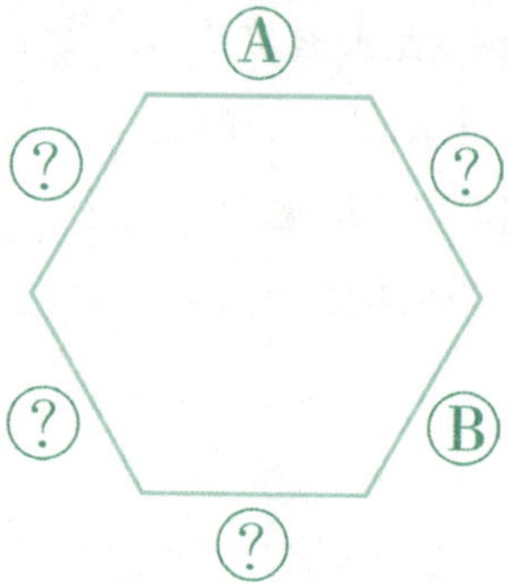

称糖

Q42 用一个只能称 100 克以上物品重量的天平，称 3 个重量都比 50 克大，但都达不到 100 克的糖。请问：你用什么办法能准确称出它们的重量？

[A40]

根据条件⑥得知，丁发现了 3 个。18 岁的男孩是丙，21 岁的男孩发现 1 个或者 2 个鸵鸟蛋（③），19 岁的男孩也发现 1 个或者 2 个鸵鸟蛋，所以丁是 20 岁。

因为 21 岁的男孩不是去了 A 岛（②），所以，21 岁的是甲，由此可推断，19 岁的是乙。假设甲发现了 2 个鸵鸟蛋的话，那么乙就发现了 3 个，这与④相互矛盾。所以，甲发现了 1 个，乙发现了 2 个。因此可知，去 C 岛的人发现了 2 个，去 C 岛的是丙。

根据条件⑥可知，甲去了 D 岛，剩下的丁去了 B 岛。详见下表。

	年龄	岛	蛋
甲	21 岁	D	1 个
乙	19 岁	A	2 个
丙	18 岁	C	2 个
丁	20 岁	B	3 个

黄色的花和白色的花

Q43 一个花园里正好有 100 朵花，有黄色的也有白色的。而且你无论摘下哪两朵花，至少有一朵是黄色的。你能否说出有几朵白色的花?

谁是凶手

Q44 千万富翁马顿被谋杀了，警察抓到了杰克和瑞德两名疑凶，另有 4 名证人提供了如下口供：

证人 A 说：“杰克是清白的。”

证人 B 说：“瑞德为人正直善良，他不可能犯罪。”

证人 C 说：“A 和 B 的证词，至少有一个是真话。”

证人 D 说：“我可以肯定 C 的证词是假的。我不知道他有什么目的。”

警察最后经过调查，证实 D 说了实话。你能推测出谁是凶手吗?

[A41] A 的右边是 E

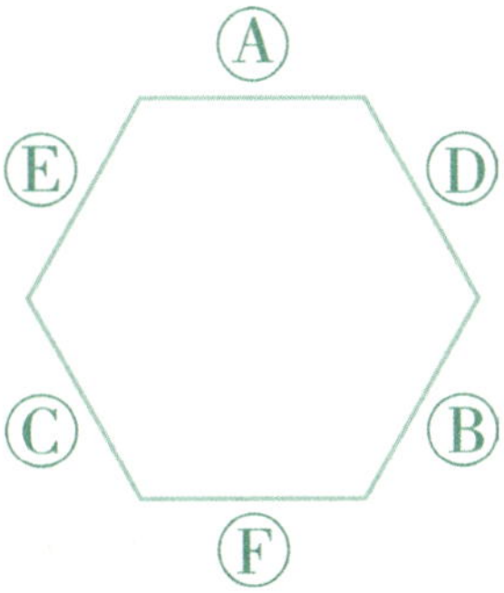

根据②，AB 之间只能是 C 或 D，剩下两个位置为 E、F，所以 C 或 D 有一个在 E、F 之间。根据“F 不是坐在 D 的隔壁”，那么 E、F 之间就不可能是 D，只能是 C，则 A、B 之间为 D。再根据③，可确定 E、F 的位置。

[A42]

分别把 3 块糖设编号为 1、2、3。我们可以先称出 1 号和 2 号两块糖的重量，然后再把 3 号糖放上去，称出这 3 块糖总的重量。这样，用它们的总重量减去 1、2 两块糖的重量，就得到了 3 号糖的重量。以此类推，可以分别称出 1 号、3 号糖的重量和 2 号、3 号两块糖的重量，用总的重量去减，就得到了 2 号和 1 号糖的重量。

跳跃比赛

Q45 动物王国举行跳跃比赛，距离是100尺远。熊猫队长一声令下，羚羊和麋鹿同时从起点起跳，抵达终点后再立即回跳，看谁先跳回来。比赛开始后，羚羊每分钟跳3次，每次跳2尺远；麋鹿每分钟跳2次，每次跳3尺远。羚羊和麋鹿每分钟都能跳6尺，速度相等，应该同时回到原处，但结果却是麋鹿输了。请问为什么？

如何称体重

Q46 皮皮、琪琪和皮皮的弟弟3个人将家里的一些废品，如废报纸、塑料瓶和一些酒瓶用编织袋装着抬到废品站里去卖。卖完后，见废品站里有一磅秤，3个人都想称一称自己的体重。可废品站的叔叔说，这台磅秤最少要称50公斤，他们3个人都只有25到30公斤，不能称他们的体重。真的不能称吗？皮皮他们3个人很失望，正准备离开时，一位阿姨说，他们可以用磅秤称出各自的体重。一直在想办法的皮皮忽然也想到了，只需称3次就可得出各自的体重。称完后，废品站的叔叔阿姨都夸皮皮聪明。皮皮他们3个人别提有多高兴！你知道皮皮是怎样称的吗？

[A43] 只有1朵

通过题中的信息可以知道，如果有两朵白花，那么就有可能同时摘下两朵白花，因此只有1朵是白花。

[A44] 杰克和瑞德都是凶手

因为D说了真话，所以可以认定C讲的是假话。“至少有一个”的否定为“一个都没有”，所以A和B都没有说真话，由此可以判断杰克和瑞德两个人都是凶手。

奇妙的六边形

Q47 把 1 至 19 这 19 个自然数填入图中 19 个正六边形中，让每一列的数字（不管是 3 个数还是 4 个数，或者 5 个数）之和都等于 38。如果你填好了，你会得到一个独一无二的魔术六边形。

[A45]

麋鹿跳 33 下后只有 99 尺，所以必须跳 34 下，越过终点 2 尺后才能回头，即往返需要跳 68 下，用时 34 分钟。而羚羊跳 50 下就正好达到终点，往返共计 100 跳，用时 33.3 分钟。

[A46]

先称皮皮、琪琪和皮皮弟弟 3 个人的总重量，然后称皮皮和弟弟 2 个人的重量，二者之差即为琪琪的重量，最后称皮皮和琪琪的重量，再次做减法。这样就可以很快算出 3 个人各自的体重了。

木船过桥洞

Q48 一条木船通过一座桥洞时，发现货物虽然不多，但装得高了一点儿，约高出桥洞 1 厘米。货物是整装的，无法卸下一些；可若不卸，怎么也过不去。你能够想个简单的办法，在不卸货的前提下解决这个难题吗？

汽车过桥洞

Q49 一辆载满货物的汽车要通过一个立交桥的桥洞，但是汽车顶部比桥底要高 1 厘米，怎么也过不去。你能够想办法解决这个难题吗？

[A47]

老猴子的点子

Q50 两只小兔子在森林里拣到了一堆蘑菇。为平均分配这堆蘑菇，它们吵起来了，最后只好把这个问题交给森林国王老猴子来处理。结果老猴子给它们出了一个绝妙的点子，两只小兔子高高兴兴地均分了这堆蘑菇。

请问：老猴子出了一个什么点子呢？

巧选数字

Q51 你能从右边四个数字中选取一个放入左边问号处，使左边的数字和字母的排列合乎某种规律吗？

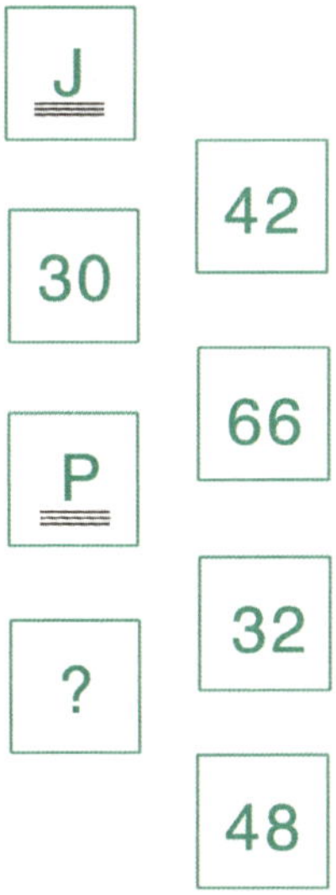

[A48]

只要在船上加些诸如石块等重物，使船下沉 1 厘米，就可以安全地通过桥洞了。

[A49]

只要给汽车轮胎放气，让汽车的高度降低 1 厘米，就可以安全地通过桥洞了。

旋转的数字

Q52 将图A的数字沿一个方向旋转以后成为图B，但其中有几个数字被抹去了，你能找出来吗？

22	49	11
75		6
30	82	19

A

49		
		19
75		82

B

[A50]

老猴子先让兔子A将蘑菇平均分成两份，然后由兔子B先在两份中挑选一份，剩下的那份就留给兔子A。因为蘑菇是兔子A分的，这两份在它眼中当然都是一样的。两份蘑菇在兔子B眼中肯定是大小不一样的，所以它挑走了它认为比较大的那份。两只兔子都觉得这种办法公平。

[A51] 48

字母在字母表中的位置序号乘以字母下面的线段数量，就是字母下边相邻的数字。

下围棋

Q53 两个人在围棋盘上轮流放棋子，一次只能放一枚，要求棋子之间不能重叠，也不能越过棋盘的边界，棋盘上再也不能放下一枚棋子时，游戏结束。谁放下了最后一枚棋子，谁获胜。

如果你先放棋子，有没有确保必胜的秘诀？

扩大水池的方法

Q54 图中有一个正方形水池，水池的4个角上栽着4棵树。现在要把水池扩大，使它的面积增加一倍，但要求仍然保持正方形，而且不移动树的位置。你有什么好办法吗？

[A52]

49	11	6
22		19
75	30	82

数独游戏

Q55 下面这个游戏，要求每一行、每一列和每一个九宫格里必须包含 1 ~ 9 这 9 个数字。你知道怎么填吗？

9			8	5		3		
	1			7		5		6
	8	5			3		4	
	4				5			7
	5	2				1		
8			3				5	
5	7		4			8		
6			5	3			7	
		8	7		2			5

[A53]

第一枚棋子放在棋盘的正中间，此后无论对方在中心点之外选取哪一点放棋子，你都可以以中心点为对称点，找到另一个对称点。这样，只要对方能找到放棋子的位置，你同样也能找到相应的放置位置，必能获胜。

[A54]

找差别

Q56 有 10 筐苹果，每筐里有 10 个，共 100 个。每筐苹果的重量都一样，其中有 9 筐每个苹果的重量都是 1 斤，另一筐中每个苹果的重量都是 0.9 斤，但是外表完全一样，用眼看或用手摸无法分辨。现在要你用一台普通的秤一次把这一筐重量轻的找出来，你能做到吗？

奇妙幻星

Q57 你能将数字 1 ~ 19 填入下图六角星的 19 个交点上，构成一个幻星，使每一条直线上的 5 个数字之和都相等吗？

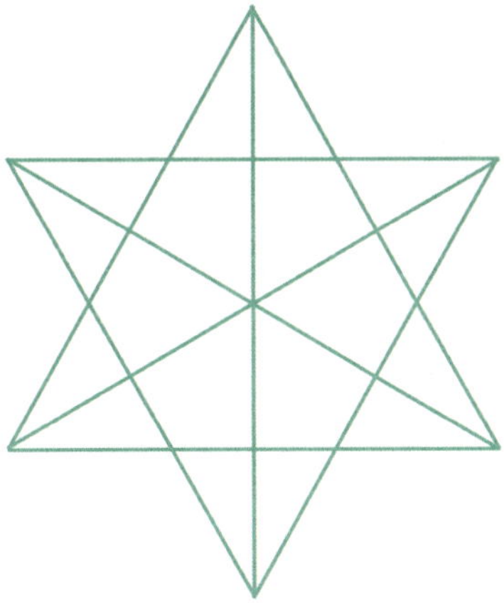

[A55]

9	6	7	8	5	4	3	1	2
4	1	3	2	7	9	5	8	6
2	8	5	6	1	3	7	4	9
3	4	6	1	8	5	2	9	7
7	5	2	9	4	6	1	3	8
8	9	1	3	2	7	6	5	4
5	7	9	4	6	1	8	2	3
6	2	4	5	3	8	9	7	1
1	3	8	7	9	2	4	6	5

分机器人

Q58 8 个孩子分 32 个机器人，分法如下：燕妮得到 1 个机器人，玫利得到 2 个，培拉 3 个，米奇 4 个，男孩凯德 · 史密斯得到的机器人和他的妹妹一样多，汤米·安德鲁得到的是他妹妹的 2 倍，比利·琼斯分得的机器人是他妹妹的 3 倍，洛克·哈文得到的是他妹妹的 4 倍。请你猜猜上面 4 个女孩的姓名。

[A56]

第一筐拿1个; 第二筐拿2个……以此类推,共55个一起称。把称得的重量和55斤相比较,如果差0.1斤就是第一筐轻了；差 0.2 斤就是第二筐轻了……以此类推。

[A57]

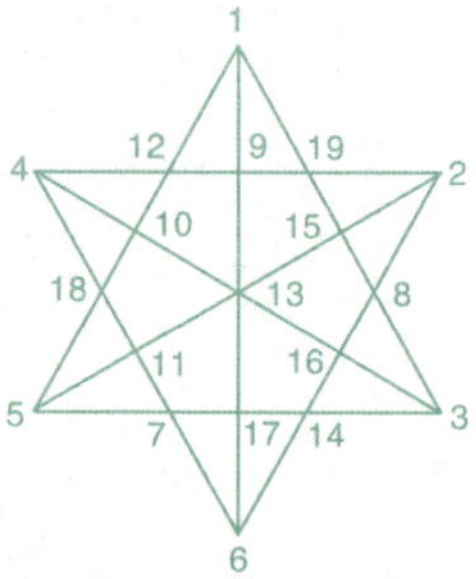

马拉多纳的故事

Q59 大家都知道马拉多纳球踢得好，不过你大概没有见识过他的聪明才智吧！马拉多纳还是个小孩的时候，就经常跟随少年球队四处去参加比赛。一次，四支优秀的少年队中的一个队将和他们队进行决赛，而之前这四支队要进行预赛决出一个冠军队。马拉多纳和他的队友及教练都很想早点知道预赛的结果，可是登有预赛结果的报纸残缺了一角，他们只看到这样的成绩：

甲队二胜一负；

乙队一胜二负；

丙队三战三胜；

丁队……

各队的名次如下：

……

大家看着这张报纸一筹莫展，但是马拉多纳只看了一下就补出了一个正确的结果。

你知道马拉多纳补的内容是什么吗？

➲ 答案见 219 页。

[A58] 4 个女孩的姓名分别是：燕妮 · 琼斯、玫利 · 哈文、培拉 · 史密斯和米奇 · 安德鲁

4 个男孩分得的机器人总数是 22 个，是偶数，根据与他们妹妹分得数量的倍数关系，凯德 · 史密斯和比利 · 琼斯分得的机器人数之和必须也是偶数。要么两人都分得奇数个，要么两人都分得偶数个。

如果两人分得奇数个，有两种情况：①凯德·史密斯与燕妮是兄妹，分 1 个，比利·琼斯与培拉是兄妹，分得 3×3 个，两组共分得 10 个。②凯德 · 史密斯与培拉是兄妹，分得 3 个，比利 · 琼斯与燕妮是兄妹，分 3×1 个，两组共分得 6 个。

如果是①，则剩下两兄妹无论如何搭配，男孩分得的机器人数都不是 22。如果是②，当汤米 · 安德鲁与米奇是兄妹、洛克 · 哈文与玫利是兄妹的时候，男孩分得的机器人数刚好是 22，满足题目要求。

如果两人分得偶数个，也有比利 · 琼斯与玫利或米奇是兄妹两种情况，凯德 · 史密斯与米奇或玫利是兄妹，无论哪种情况，男孩分得的机器人数都不是 22。

所以，只有凯德 · 史密斯与培拉是兄妹，培拉姓名是培拉 · 史密斯；比利 · 琼斯与燕妮是兄妹，燕妮的姓名是燕妮 · 琼斯；汤米 · 安德鲁与米奇是兄妹，米奇的姓名是米奇 · 安德鲁；洛克 · 哈文与玫利是兄妹，玫利的姓名是玫利 · 哈文。

三只桶的毒品交易

Q60 庭审中，法庭上所有人的目光都集中在缓缓进来的巴特·詹姆士身上。巴特·詹姆士是媒体大亨，今天他西装笔挺，脸色仍像平常那样平和，然而与平时不同的是，他今天是以被告的身份来到法庭的。

检察官指控他在过去的10年里，用传媒集团作掩护，从事毒品买卖，这则消息在全国引起了广泛的关注。人们不但非常关心詹姆士是否会被判有罪，也十分关注他的辩护律师尼生能否延续134宗案件不败的骄人成绩。

开审后，检察官宣读了长长的起诉书，而尼生强调了詹姆士多年来为社会所做的贡献，他说，检察官并没有掌握任何实质性的证据。这时，检察官向法官要求传证人曼德出庭作证。

曼德是詹姆士多年的助手，知道集团的很多内幕。看到检察官找曼德来做证人，尼生和詹姆士都显出了一点儿惊慌，他们没料到昨天还正常上班的曼德，今天怎么会出现在证人席上。

曼德承认自己知道詹姆士这么多年一直贩毒的事实，甚至还提到曾经参加过的现场买卖。如果这些证词被法庭采信，詹姆士就输定了。最后，在场所有的人都屏住了呼吸，等待着尼生进行盘问。

尼生缓缓走到证人面前，和蔼地问道："曼德先生，你刚才提到参加过现场毒品交易，你能告知一些具体的细节吗？"

曼德思索着说道："5年前，那时我刚成为詹姆士先生的助手。一天，他让我带上一个沉重的塑料桶，去和两个南美人做买卖。我看见他从满满的大桶中倒出不少白色的海洛因粉末，分给了南美人。"

尼生加重了语气说道："曼德！你那含糊的语句，根本不能说明问题，现在请你明确告诉法庭，你们带去了多少毒品，又卖出去多少？"

曼德回答道："我记得很清楚，我们带的是12千克的大桶，而南美人带来了5千克和9千克两个小桶。他们买走了6千克毒品，一个矮个子1千克，一个高个子5千克——"

尼生打断了曼德的话："你们只带了桶，没有别的工具吗？"

"是的！"曼德回答，"我们就是用桶。"

尼生转身说道："法官大人，我请求你注意，证人在撒谎，我们应该判他伪证罪！"

聪明的读者，你觉得曼德是不是在说谎呢？他说的可信吗？

数字游戏

Q61 ①请将数字 1 ~ 5 填入○中，并且直、横和斜每列填入的数字不能重复。
②每个深色小菱形块中填入的数字不能重复。

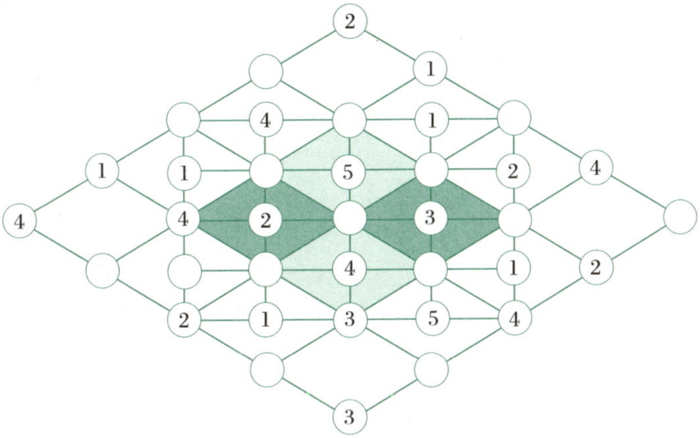

[A59]

马拉多纳补出的战绩表如下：
丁队三战三负
各队的名次如下：
丙队第一名
甲队第二名
乙队第三名
丁队第四名
马拉多纳是这样推理的：
四个队共比赛 6 场，如果每场比赛都按一胜一负计算（不是平局），那么比赛结果就是六胜六负。而报纸登载的部分是六胜三负。所以，丁队必是三战三负的。关于名次，就按胜负次数的多少排列。

[A60] 曼德的话是真的，尼生律师看来数学没有学好

可以这样做：先从大桶中倒出 5 千克毒品，再将 5 千克毒品倒入 9 千克桶，再从大桶里倒出 5 千克毒品，接着用 5 千克桶将 9 千克桶灌满。现在，大桶里有 2 千克毒品，9 千克桶已装满，5 千克桶里有 1 千克毒品。
再将 9 千克桶里的毒品全部倒回大桶里，大桶里有了 11 千克毒品。把 5 千克桶里的1千克毒品倒进 9 千克桶里，再从大桶里倒出 5 千克毒品，现在大桶里有 6 千克毒品，而另外 6 千克毒品也被换成了 1 千克和 5 千克两份。

超难的数字迷宫

Q62 这是一个超难的数字迷宫，要求每个大九宫格里每一行、每一列以及每一个小九宫格都必须包含 1 ~ 9 这 9 个数字。现在你需要的是时间和超级的推理思维。

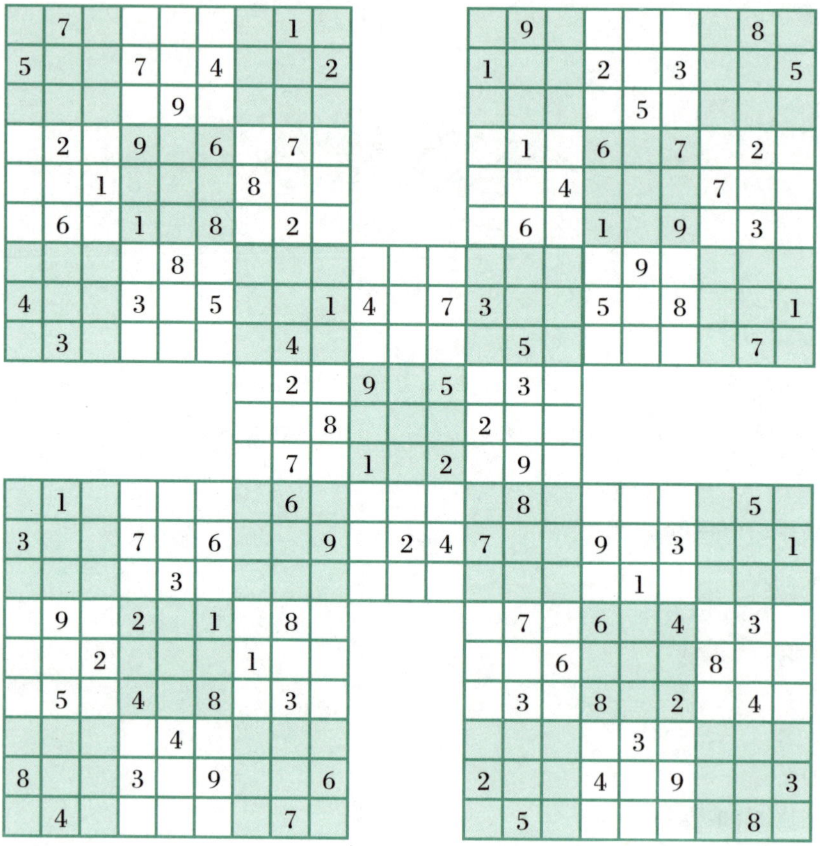

[A61]

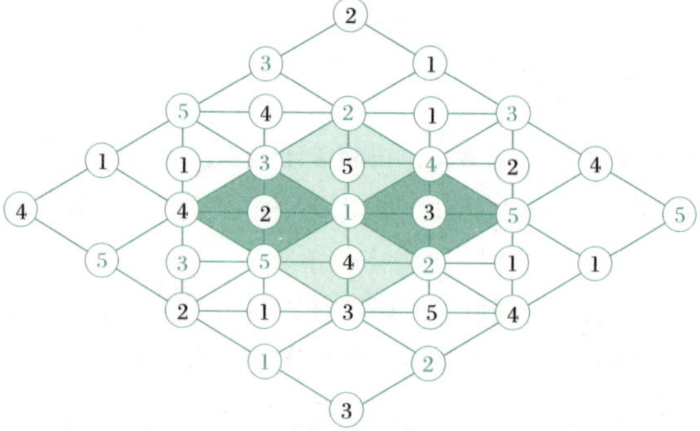

求和

Q63 将以下表格分为四个部分，使每部分的数字之和为 120。

8	7	6	8	7	12	9	1
7	12	7	6	4	3	2	14
8	9	7	8	5	7	11	1
8	8	10	7	6	16	10	1
4	9	13	4	12	2	15	6
8	5	2	2	4	9	8	15
6	9	8	14	14	8	2	1
9	6	10	5	12	1	5	17

[A62]

2	7	9	5	6	3	4	1	8				2	9	5	7	6	4	1	8	3
5	8	6	7	1	4	3	9	2				1	4	7	2	8	3	6	9	5
1	4	3	8	9	2	7	5	6				6	8	3	9	5	1	2	4	7
3	2	8	9	5	6	1	7	4				5	1	8	6	3	7	9	2	4
9	5	1	2	4	7	8	6	3				9	3	4	8	2	5	7	1	6
7	6	4	1	3	8	5	2	9				7	6	2	1	4	9	5	3	8
6	1	7	4	8	9	2	3	5	6	9	8	4	7	1	3	9	6	8	5	2
4	9	2	3	7	5	6	8	1	4	5	7	3	2	9	5	7	8	4	6	1
8	3	5	6	2	1	9	4	7	2	1	3	8	5	6	4	1	2	3	7	9
						1	2	4	9	8	5	6	3	7						
						5	9	8	7	3	6	2	1	4						
						3	7	6	1	4	2	5	9	8						
5	1	7	9	8	2	4	6	3	5	7	9	1	8	2	7	4	6	3	5	9
3	2	4	7	5	6	8	1	9	3	2	4	7	6	5	9	8	3	4	2	1
9	6	8	1	3	4	7	5	2	8	6	1	9	4	3	2	1	5	7	6	8
4	9	3	2	7	1	6	8	5				8	7	9	6	5	4	1	3	2
7	8	2	5	6	3	1	9	4				4	2	6	3	7	1	8	9	5
1	5	6	4	9	8	2	3	7				5	3	1	8	9	2	6	4	7
6	3	5	8	4	7	9	2	1				6	9	7	5	3	8	2	1	4
8	7	1	3	2	9	5	4	6				2	1	8	4	6	9	5	7	3
2	4	9	6	1	5	3	7	8				3	5	4	1	2	7	9	8	6

[A63]

8	7	6	8	7	12	9	1
7	12	7	6	4	3	2	14
8	9	7	8	5	7	11	1
8	8	10	7	6	16	10	1
4	9	13	4	12	2	15	6
8	5	2	2	4	9	8	15
6	9	8	14	14	8	2	1
9	6	10	5	12	1	5	17

1
2
3
4
5
6
7
8